DANIEL SANTOS
MI VIDA ENTERA

DANILU SANTOS-PRICE

Daniel Santos: Mi Vida Entera es una novela biográfica, obra de ficción, basada en hechos reales de la vida del cantautor Daniel Santos. Algunos nombres, personajes, empresas, lugares, eventos, locales e incidentes son producto de la imaginación de la autora.
©Danilu Santos-Price 2020
Todos los derechos reservados.

Catalogación de la Biblioteca del Congreso
ISBN: 978-1-7361318-5-5

Diseño de portada: Rica Cabrex
Foto de cubierta: Cortesía de Biografías y Vidas
Fotografía del autor: Melody Robbins
Fotografías: Cortesía de Joseph Conzo Jr., ACME, Carlos Molina y la Familia Santos

DEDICACIÓN

Dedico este libro a mi padre, a mi familia, y a ustedes, apreciados lectores, para inspirarles recuerdos del ayer y preservar el legado de Daniel Santos.

PRÓLOGO

Para serles sincero, me inquietaba la idea de otro libro más acerca de Daniel Santos. Tanto se ha escrito y dicho sobre nuestro padre. Por lo tanto, no me entusiasmé cuando Danilu me confió su intención de sacar a relucir sus andanzas en una novela biográfica.

También menguaba mi entusiasmo el que fuera mi hermana menor la que se expusiera a la crueldad de una sociedad que prejuzga sin entender y condena sin piedad, especialmente esos críticos que creen saberlo todo mejor que nadie. Ya saben que nuestra cultura obliga a los hombres a proteger a las mujeres, quiéranlo o no lo quieran. Poco se da cuenta la humanidad de la fuerza y valentía que tiene «el sexo débil».

Así es que cuando Danilu me pidió que escribiera un prólogo, me puse la coraza y decidí avanzar como El Cid Campeador, levantando el escudo para proteger a mi hermanita. ¡Qué error!

De chico, me avergonzaban los envidiosos con sus cuentos de cosas feas que mi padre había hecho porque es natural que un hijo crea que su progenitor alcanza proporciones heroicas, sin tachas ni desavenencias. Tantos fueron los asaltos a mi sensibilidad que hasta llegué a desconfiar en las explicaciones que él me daba cuando lo confrontaba con lo que decían o escribían los fulanos y menganos. Pero la respuesta que más temía era esa de «lo entenderás cuando seas mayor».

Ahora que soy mayor, tiemblo todavía al leer este recuento. Pero me enorgullece el valor de mi hermana al lidiar con temas tan escabrosos. El mundo se preguntará si por fin han de leer la verdad sobre El Inquieto Anacobero, El Jefe. Quizá. Por eso se le llama a esto una novela biográfica.

Lo que no puede dudar nadie es la enbeza con la cual Danilu ha buscado la verdad de los hechos y el valor que ha demostrado una hija por el amor que tenía a su padre.

Daniel Santos, Jr.
Maryland, EE. UU.
27 de septiembre de 2020

AGRADECIMIENTOS

Primero a Dios por la salud.

A mis hijos, Natalia y Daniel, por ser mi motivación y porque los hijos son lo más importante en la vida.

A mi esposo Robert Price, por ser mi mejor amigo.

A mi hermano, Danielito, por su apoyo y por compartir sus valiosos conocimientos de autor.

A mi madre, Ana Luz Dary Padredín, La Colombiana, por animarme a cada paso.

A Eugenita Pérez, La Cubana, y a los familiares que también me aportaron sus memorias.

A la familia Molina de Cali, Colombia, por los años de leal amistad y por aportar generosamente sus fotos para mi libro.

A todos los «Danielistas», que compartieron sus conocimientos, y en especial, al señor Jaime Suárez de Cali, y Carlos Molano Gómez de Bogotá, Colombia.

A Ester Goeta de Cali, Colombia, por su cariño y apoyo.

A Rosa Fernández Sofía, autora cubana, por su generosidad intelectual y espiritual.

A Isidra Mencos, y Melissa Martínez-Raga por sus consejos literarios.

PREFACIO

Fueron muchos los relatos personales que mi padre, Daniel Santos, compartió con su público a través de los años. Por medio de esas historias buscaba expresar su propia humanidad. Fue un hombre autodidacta, de gran capacidad intelectual y opiniones fuertes. Sin embargo, en el fondo, mantuvo un carácter humilde. A pesar de su estatus de ícono, prefirió ser recordado solo como fiel representante del pueblo.

Hay varios factores que constituyen el enigma de Daniel Santos, incluyendo su inigualable devoción a la música, la pasión con que vivió su vida bohemia, sus ideas políticas y la dimensión de su carácter. Si fue víctima o victimario, si fue bueno o malo, amante o abusador, es cuestión de opinión. Fue controversial hasta en su vocabulario, que ondeaba entre altas letras y jerga. Pero sus historias, por más controversiales que fueran, eran suyas, ¿y quién no cuenta su propia historia a su manera? En lo que estamos de acuerdo es que Daniel Santos vivió su verdad al aire libre, y fue apoteósico para quienes lo quisieron y los que aún lo quieren. Sin duda, su legado marcará por siempre nuestra música y cultura latinoamericanas.

Esta novela balancea las historias verídicas con algunas leyendas que merecen mención. El extenso repertorio musical de mi padre impide enlazar todas sus colaboraciones, composiciones e interpretaciones en estas páginas. Además, la intención de esta obra es enfocarse en la trayectoria humana para brindarle al lector un conocimiento más profundo sobre el hombre detrás del artista. A pesar de que existen innumerables estudios, artículos, documentales y meritorias obras literarias sobre Daniel Santos, el bohemio y el artista, esta novela ofrece nuevas revelaciones gracias a íntimas confesiones de sus más cercanos. Por lo tanto, la novela revela a Daniel Santos en el papel de hijo, hermano, padre, esposo y amigo.

Para mí fue, antes que nada, mi padre, al que siempre amaré incondicionalmente, independientemente de su fama, como cualquier hija ama al suyo. No obstante, entendí que mi padre era admirado desde muy pequeña al escuchar su música, leer acerca de él, y escuchar los aplausos que su público le brindaba mientras lo acompañábamos en sus giras. En casa, entre familia, Papá no hablaba de su fama ni sus logros, aunque le agradaba mucho cuando poníamos su música en nuestro tocadiscos. La prioridad en nuestro hogar fue la educación y nuestras conversaciones con frecuencia giraban en torno a ello. En vez de crearnos una dependencia a su fama, él se preocupó por que lográramos un buen futuro basado en nuestros propios talentos e independientemente de su apellido. Pienso que es la mejor herencia que puede dejar un padre a un hijo.

De parte de mi familia, quiero agradecerles a ustedes, sus seguidores, por permitirle a Papá ser parte de sus vidas, de sus mejores memorias, y por haberlo consentido hasta sus últimos años. Espero que este libro ofrezca una nueva perspectiva al incluir más revelaciones sobre su vida fuera del escenario. Pero, sobre todo, espero poder, por medio de estas letras, entretenerlos a ustedes, los lectores y dejarlos con alguna enseñanza que bendiga sus vidas.

«Lejos de la distancia del ayer
Nos encontramos en la punta de partida
Aquí en este lugar sagrado
Tú hablarás y escucharás mi corazón
un dulce intercambio de dos almas
unidas por creación
unidas por sangre y nombre»

Danilu Santos-Price

«No he encontrado la felicidad porque voy rapidito por la vida»

Daniel Santos

Daniel Santos, 1932

Buscaba la rima

«Qué niño más majadero…»
Tema: El niño majadero, 1950
Compositor: Daniel Santos
Agrupación: La Sonora Matancera

—Oye, Daniel, ¿me entendiste? ¿En qué piensas, muchacho, pajaritos preña'os? —escuché decir a Papá. En seguida respondí con instinto defensivo.

—¿Ah? ¡No, Papá! Digo, sí, te entiendo… que ponga atención. El serrucho está afilado y aquí tengo la cera. La madera esta allá encima de la mesa.

—Mira, muchacho, Doña Marta está por remodelar toda su casa. Si nos queda bien esta puerta, puede ser que nos dé más trabajito. Además, m'ijo, si no aprendes carpintería, ¿qué vas a hacer con tu vida? —Mi Papá, Rosendo Santos, sonaba consternado por el futuro de su hijo, como es costumbre de todo padre, especialmente del que es pobre.

—No sé, en verdad, no sé —contesté en voz diminuta para que Papá no escuchara mientras, simultáneamente, pensaba en palabras que rimaran con vida… «caída… servida». Rimar palabras se había convertido en uno de mis pasatiempos favoritos.

MI VIDA ENTERA

A mis diez años, ya trabajaba con Papá bajo el sol achicharrante de lunes a jueves en el patio de nuestra casa en Tras Talleres, un barrio pobrísimo de Santurce. El patio, compuesto de barro rojo y yerba marchita, rodeaba nuestra casita blanca. Día tras día, nuestro techito de lata resistía los extremos del sol de mediodía y las lluvias fuertes en las tardes.

—Presta atención, Danielito, así es que se encera un serrucho —Papá siempre me explicaba los secretos de carpintería mientras yo intentaba combatir la inquietud que me causaba la obligación de ayudarlo.

—¡Sí, Papá! —afirmé mientras observaba su técnica.

—Este paso es necesario para un corte preciso —insistió Papá. Fue hacia la casa y regresó al momento con un pedazo de pan con aguacate; era su merienda preferida.

Observé sus manos trigueñas y atrofiadas por el uso. En ese momento sentí orgullo por la fortaleza de mi padre. Aunque era un hombre de estatura modesta, poseía un carácter gigante. Don Rosendo, como lo llamaban los vecinos, con su carpintería y sermones le proveía a su familia dignamente, aunque sin lujos.

Los domingos eran dedicados a la iglesia. Íbamos caminando a la pequeña capilla pentecostal donde Papá era el pastor. Para mí era un honor verlo predicando desde el púlpito, capturando la atención de toda la congregación. Durante esos momentos, pensaba que yo era hijo de una persona muy importante. Imaginaba que, cuando creciera, yo también sería así de distinguido. Sin embargo, me ponía nervioso cada vez que, a petición de Papá, me tocaba cantar en la iglesia, pero me enfocaba en un espacio vacío al fondo y se me pasaba rapidito.

Durante los días de semana, asistía a clases en la escuela pública de Las Palmitas, y allí era feliz jugando y aprendiendo de nuestra amable maestra. Pero en las tardes, tenía que aguantar el trajín de ayudar a Papá con su trabajo de carpintería. Me apuraba a terminar lo que él me dejaba por hacer, para que me diera permiso para salir a jugar trompo con los amiguitos del barrio. Cuando llegaba el viernes me alegraba porque Papá se iba a la iglesia a estar a solas en su oficina y escribir sus sermones del domingo.

Los sábados, él me daba permiso para ir a volar chiringas en El Morro con mis amigos. El Morro quedaba lejos de casa, pero lográbamos ir porque nuestro vecino don Luis a veces nos daba pon en su carreta y si lo ayudábamos con los caballos, nos compraba una sabrosa mallorca. Cada vez que íbamos a San Juan, parecía haber crecido la ciudad. En el camino, admirábamos los edificios coloniales de múltiples colores rodeados de palmeras. Sentado en esa carreta, arrullado por la frescura del aire de mar, yo cerraba los ojos y percibía una sensación que, en ese tiempo, aún no sabía, se llamaba libertad.

Desde chiquito, me las rebuscaba para poder divertirme. Para ganarme unos centavitos, ayudaba a mi abuelo materno a vender aguacates por las calles de Santurce. Mi abuelo Concepción me animaba a llamar la atención de los clientes.

—¡Aguacaaates! ¡Los más frescos del día! Por cada compra, regalo una melodía…

Mi abuelo se reía al verme practicar mis rimas. Al concluir la jornada, él siempre me daba de sus ganancias para que yo pudiera guardar unos centavitos y me compraba un limber de coco, mi favorito. En casa, seguía inventando y pregonando mis rimas a todo pulmón:

—¡Aguacaaates! ¡Compra uno o compra cinco! ¡Compra más y doy un brinco!

Y Papá le decía a Mamá:

—María, ¡qué mucho grita ese muchacho! ¿Será que va a ser cantante? ¡Dios lo ampare y coja otro camino!

Mis ahorritos, sin embargo, no me alcanzaban para ir al cine y a mí me llamaban mucho la atención las películas de Hollywood debido a los anuncios de promoción que pegaban en los postes por todo San Juan. Así que me propuse ganarme la simpatía de don Miguel, el dueño del teatro del barrio, saludándolo cuando me lo encontraba y ofreciendo hacerle los quehaceres a cambio de que me diera la entrada gratis.

—Danielito, ¡ven acá, muchacho! —me convocó don Miguel desde la puerta del teatro una mañana que iba camino a la escuela.

—¿Sí, don Miguel? —respondí sin poder disimular mi curiosidad.

—Ponte a repartir estos programas de la función del sábado. Si los repartes todos, te doy la entrada gratis esta semana y si todo sale bien, puedes seguir ayudándome cuando te necesite.

Busqué la forma de repartirlos rápido y fácilmente, como cuando Papá me dejaba algo para hacer en casa. Experimenté con varios métodos y terminé doblando los programas en forma de avión y lanzándolos por las ventanas abiertas de las casas vecinas.

Así fue como logré ver muchas funciones, incluyendo las cómicas de Charlie Chaplin que estaban de moda en esa época de los años 20. Esas películas para mí eran como un portal mágico dónde existían personas muy diferentes a las que acostumbraba a ver y lugares extraordinarios. La semana entera me ocupaba mayormente en las tareas de la escuela y ayudando a mi papá, pero esperaba intranquilo por regresar al teatro los sábados.

Yo era el único hijo varón en casa. Papá y Mamá no se fijaban en las fechorías de mis hermanas menores, Sara, Rosa y Lucy, la más chiquita. Me acuerdo que Lucy me atormentaba con un triciclo rojo que le trajeron los Reyes Magos un año. Me perseguía por toda la casa tratando de atropellarme con él.

—¡Lucy, vete pa' otro la'o y déjame tranquilo!

Siempre le advertía lo mismo. Su respuesta invariable era una risa burlona y una media vuelta en su aparato destructivo.

Frustrado en esos momentos, cuestionaba por qué tenía tantas hermanas y deseé mucho tener un hermano para no sentirme tan solo. Ellas me parecían necias y me costaba mucho entenderlas. Además, sobre mí caía más responsabilidad mientras a ellas les sobraba el tiempo para jugar.

Un día decidí hablar con Papá y Mamá para que las enderezara a cada una de ellas. Aunque, en el fondo, temía que Lucy se saldría con la suya por ser la consentida de la casa. En todo caso, me acerqué al cuarto de mis padres, pero pausé cuando escuché el tono de sus voces discutiendo algo que parecía muy serio. Arqueé mi espalda como instinto protector y pegué mi oreja izquierda a la puerta de madera gruesa para poder oírlos.

—¡Me prometiste dejar las andanzas, Rosendo! ¿Qué vas a hacer ahora con esos rumores, ah? ¿No te bastó con los cuatro que tenemos en casa? ¿Es cierto lo que dicen? ¡Contéstame! ¿Y si se enteran en la iglesia? ¡Qué vergüenza!

—Yo solo sé que es una posibilidad que sea mío. También es posible que sea de otro… Perdóname, María. No vuelvo a fallarte.

Imaginé a Papá cabizbajo por el largo silencio que siguió. En ese momento, no pude precisar todo lo que decían, pero intuí que Mamá estaba sufriendo por algo que Papá le había confesado, aunque ella era una mujer discreta que procuraba no hablarnos mal de él ni de sus problemas. Hasta ese momento solo sabíamos de uno de sus lamentos: Esther, una hermanita nuestra que nació y murió con solo un añito. Pero no se lo mencionábamos por no causarle más tristeza. Tampoco era secreto que Papá tuvo una hija, llamada Isaías, con otra señora antes de yo nacer. La mañana siguiente en la cocina, me acerqué a Mamá y la abracé, dejando que mi frente descansara sobre su amplia cadera.

—¿Cómo amaneciste, Danielito? —me preguntó mientras me sobaba la espalda, seguido de una palmadita en mi cabeza.

No me atrevía a entremeterme en los asuntos de adultos. Durante esa época, era conocimiento común que los muchachos eran para verlos y no oírlos, cosa que decía mi padre con frecuencia. Sin embargo, sentí una gran urgencia de consolar y proteger a mi madre de cualquier dolor que le hubiese causado mi padre. Aunque, a esa edad, no entendía el concepto de la infidelidad, me sentí confundido por la aparente falla de mi padre. No lograba conciliar la imagen del hombre cuyos sabios consejos yo admiraba con el hombre que estaba haciendo sufrir a Mamá.

A pesar de la discusión que tuvo la noche anterior con Papá, ella me confío, con una mirada profunda y en tono optimista, una noticia importante.

—Tu padre va a viajar pronto a Nueva York. Estaremos unos meses sin él, pero cuando consiga trabajo, nos reuniremos todos en Brooklyn.

Poco después de aquella discusión, Papá abandonó su trabajo como pastor en la iglesia pentecostal del barrio. Viajó de Puerto Rico hacia Nueva York de polizón en un barco, porque no teníamos ni para su pasaje. Así que se arriesgó a buscar un trabajo mejor, para mejorar la situación en casa. La cosa se puso tan mala que no había dinero para seguir pagando la matrícula de la escuela y dejé de estudiar.

Mientras él llevaba casi un año trabajando en la fábrica de General Motors de Tarrytown ensamblando carros Chevrolet, mi abuelo materno nos visitaba con más frecuencia y me llevaba a San Juan por las tardes para ayudarlo a vender sus aguacates y huevos.

—M'ija, no es bueno que los muchachos estén tanto tiempo sin su padre y Danielito sin ir a la escuela. ¿Cuándo es que Rosendo va a mandar por ustedes? —preguntó mi abuelo a Mamá un día.

—Pronto, Pa'. Muy pronto. No ha sido fácil para él buscar quién le alquile un lugar para todos nosotros. Él me dice que hay mucha discriminación por allá, pero tengo fe que algo aparecerá —respondió Mamá.

De acuerdo al trato que tenían mis padres, Papá había estado viviendo solo mientras ahorraba la mayoría del sueldo para mandar por nosotros. Entretanto, nosotros en Puerto Rico minimizábamos los gastos comiendo funche dos veces al día. Por la mañana, Mamá nos daba el sencillo majado de maíz y por la noche, lo acompañaba con un pedacito de bacalao o, si podíamos darnos el gusto, de longaniza.

El día de mi cumpleaños, el 6 de junio de 1927, recibimos noticia de Papá que pronto nos reuniríamos con él en Nueva York. La espera para el viaje me causó insomnio durante los próximos meses de preparación. Sentí esos nervios que uno siente cuando presiente que la vida está por cambiar radicalmente. Imágenes de los edificios gigantes y las calles amplias de la ciudad consumían mis pensamientos. Me preguntaba si me acostumbraría a la nieve y al frío.

Familia Santos

Daniel Santos y su familia junto a Rosa Minieri, 1940

Truco y maroma

«Borracho no vale, no señor…»
Tema: Borracho no vale, 1941
Compositor: Pedro Flores
Agrupación: El Cuarteto Flores

Papá nos recibió en el puerto de Nueva York. Observé la Estatua de la Libertad y, arriesgándome a una tortícolis, quedé inmovilizado ante su estatura.

—Danielito, vente acá, muchacho, que tenemos que alcanzar el tren — me urgió Papá, sacudiéndome un hombro e interrumpiendo mi estado hipnótico.

Partimos de Bedloe's Island, ahora conocida como Liberty Island, y nos dirigimos hacia nuestro apartamento en Brooklyn. Mis hermanas y yo nos mantuvimos callados durante el viaje subterráneo o subway, como se dice en inglés. En el camino, observamos con curiosidad la gran diversidad de gente que viajaba con nosotros. Empacados en el subway como salchichas en lata viajaban pasajeros de descendencia africana, asiática y europea.

Llegamos a un edificio de ladrillo rojo y ventanas grandes donde viviríamos en medio de filas de otros edificios muy parecidos. Nuestro apartamento estaba situado en el tercer piso. Subimos las escaleras llenos de anticipación. El apartamento tenía solo dos habitaciones dentro de mil pies cuadrados de espacio para compartir entre todos nosotros.

—Danielito, dormirás en el sofá de la sala mientras conseguimos un apartamento más grande —dijo Papá señalando un sofá oscuro pero descolorido en partes, al parecer por años de uso. —Nos lo regaló nuestro vecino don Herminio cuando supo que llegarían.

—No te apures por eso, Pa'. Yo duermo en la sala sin problema —le respondí con buena voluntad, a lo cual él asintió con la cabeza como señal de aprobación.

Mis padres ocuparon la habitación más grande. Por la ventana solo se veía la pared de ladrillo rojo del edificio vecino. A mis hermanas les tocó la habitación más pequeña, donde acomodamos una litera para Rosa y Sara y una cama sencilla para Lucy. Sobró solo un pequeño pasillo entre las camas. Aunque no estábamos muy cómodos, la transición al territorio extranjero fue soportable gracias a Mamá. Su intuición hizo que nos consintiera un poco más de lo usual, con sus ricas alcapurrias y mi plato favorito, serenata de bacalao.

Papá me advirtió que, siendo los varones de la casa, debíamos cuidar a Mamá y a mis hermanas. Con tono estricto y expresión severa, me dijo:

—Te advierto, muchacho, cuidado con zanganerías por ahí. Aquí en Nueva York hay mucho charlatán. Nosotros vinimos a trabajar y estudiar pa' progresar. Cuídate de esa pandillita italiana que anda armando líos y dañando a los muchachos del barrio.

En Brooklyn había mucho crimen y oportunidad para meterse en problemas por el dominio de la mafia italiana. A un muchacho puertorriqueño, como yo, lo podían obligar a trabajar para un uno de esos gánsteres. Cualquier inocente podía ser víctima de una bala perdida en la calle equivocada. Así que intenté perdurar sin mayor conflicto y pronto aprendí a distinguir las calles que eran seguras para andar y cuales debía evitar.

En los primeros meses de escuela formé parte del grupo de jóvenes inmigrantes segregados de los americanos a consecuencia de las barreras del idioma y la cultura. Los estudiantes provenían de todas partes del mundo, incluyendo Irlanda, Italia y México. Inmediatamente me hice amigos con otros dos boricuas del grupo, que también eran recién llegados de la isla. Tuvimos que aprender inglés apresuradamente; de lo contrario, era como estar sordo y mudo, sin poder comunicarnos fácilmente. Tardé seis meses en conquistar el idioma nórdico y poder desenvolverme con eficacia.

En 1929, luego de un par de años de llegar a Nueva York con mi familia, sucedió la gran caída de la bolsa de valores en Estados Unidos. Nos enteramos primeramente por Papá, un día que llegó cabizbajo a casa y sujetando un periódico enrollado en su puño. Estaba tan arrugado el periódico que pude deducir que lo había leído una y otra vez. Al cerrar la puerta, nos saludó brevemente.

—María, sígueme al cuarto —le ordenó a Mamá y ella acudió enseguida.

Al escuchar cerrarse la puerta de su habitación, mis hermanas y yo de inmediato nos miramos a los ojos. Sin necesidad de hablar de ello, sabíamos que se trataba de algo serio. Poco después nuestros padres salieron de la habitación y Papá se sentó en su silla favorita de la sala. Permaneció callado mientras leía el mismo periódico, una y otra vez, como si no creyera lo que veía. Aunque no lo pidió, lo acompañamos en su silencio como si fuera un mandato universal. Finalmente, a la hora de la cena, Papá rompió el silencio estando sentado a la mesa de la cocina. De acuerdo con la costumbre que había impuesto Mamá, comíamos a las seis en punto todos los días.

—Muchachos, tengo algo muy importante que decirles. La situación en este país ya no es igual. Hay una crisis por culpa de malas inversiones y la avaricia de muchas compañías. Por eso, la Chevrolet me suspendió el trabajo ayer, pero por obra de Dios empiezo a trabajar la semana que viene haciendo mantenimiento en un edifico de oficinas, mientras regreso a la Chevrolet. El pago será menos así que vamos a tener que apretarnos y ayudarnos con los ahorritos que tengo.

Nosotros, acostumbrados a la pobreza, volvimos a comer funche y nos resignamos a otra época difícil. Fue más dura la prueba para los que no estaban acostumbrados a una vida sin lujos, como lo estábamos nosotros. Ese fue el caso de don Herminio, el vecino más adinerado del barrio, el que nos había regalado el sofá. Supimos que se suicidó a consecuencia de la crisis financiera.

—¡Qué barbaridad! ¡Pobre don Herminio! —exclamó Mamá cuando Papá compartió la noticia en casa. Nos explicó durante la cena que don Herminio perdió la cordura. Hacía poco había invertido todos sus ahorros en la bolsa y sus deudas sobrepasaron su capital. Decían los vecinos que ya no le vio el sentido a empezar de nuevo y por eso acabo con su vida.

La tragedia me hizo cuestionar por qué los adultos se fajaban tanto en ahorrar y acumular dinero. Era mejor vivir día a día y gozar al máximo porque el futuro realmente solo lo controla Dios. Pensé que si don Herminio no disfrutó de lo que tenía, por arriesgarlo todo en inversiones inciertas, yo en el futuro disfrutaría todo lo que me fuera a ganar de inmediato. Me imaginé todos los lujos que me podría dar con dinero: una casa grande, un carro bonito, todas las películas que podría ver. Cuando fuera adulto, pensé, me dedicaría a pasarla bien en vez de guardar los chavos.

Para esos tiempos yo tenía trece años y empecé a interesarme en muchachas bonitas. Conocí a mi primera noviecita en la Manual Training High School de Brooklyn. Se llamaba Augustina, pero todos le decían Augui. Nos tocó juntos en la clase de álgebra, que por cierto yo detestaba. Se me aguaban los ojos y se me nublaba el coco cuando veía ese revolú de letras y números.

Mientras ella miraba la pizarra atenta a la lección, yo observaba su perfil perfecto, el tono dorado de su piel y su cabello largo de color caramelo oscuro. Yo quería que se fijara en mí, así que me apunté a cantar en el coro, donde ella cantaba también.

Nora, amiga de Augui, se me acercó un día en la escuela y me preguntó con tono alarmado:

—Daniel, ¿no te ha dicho Augui lo del viejo John?

El viejo John era el custodio de la escuela, encargado del mantenimiento. Un afroamericano alto, flaco, de apariencia frágil.

—¿Qué pasa con él? —contesté, asumiendo rápidamente una mala noticia porque recordé que el viejo tenía fama de ligón. Nora siguió explicando.

—Augui me dijo que la anda velando hace unos días y que cuando sale de su casa para la escuela, la sigue pa' decirle no sé cuanta cosa, y el otro día la invitó a su apartamento. Como yo sé que a ti te gusta Augui, te lo digo para ver si haces algo pa' quitarle el viejo de encima.

Ese día, enfogona'o, busqué al viejo John en el barrio, ya que vivía cerca a mi casa. Por casualidad, lo vi en un callejón cerca de su edificio sacando la basura de su apartamento. Rápidamente, lo sorprendí por la espalda y le caí a golpes mientras con ira pensaba, «¡Viejo cabrón! Ningún hombre se va a meter con Augui». Estaba tan envuelto en mi furia que no me percaté de que Augui había llegado. Aunque yo era un muchacho de apenas trece años de edad, era fuerte, y el viejo, desprevenido de mi asalto, quedó derribado en el piso. En el momento en que ella me descubrió, me distraje mirándola y el viejo se escabulló. Después de eso, Augui y yo nos enamoramos y pasamos muchos días felices como es de esperarse de un primer amor.

El lío con el viejo John me dio fama en la high school y llamó la atención de una pandilla de delincuentes llamados Los Marihuaneros. El grupo estaba formado por muchachos jóvenes de distintas nacionalidades que acostumbraban a reclutar a chicos y ponerlos a trabajar y pelear para ellos. Los Marihuaneros dominaban las calles de Brooklyn inspirados por los antihéroes de moda en Hollywood, tal como Spencer Tracy y James Cagney. Se distinguían en el barrio porque siempre andaban en grupo. A aquel que mostraba lado flojo, lo devoraban como manada de lobos.

Hasta entonces, yo los había observado discretamente desde el otro lado de la calle y evitaba acercarme a ellos por temor a que Papá me gritara en su presencia y así, de un solo cantazo, exponerme al ridículo y al acoso. En el barrio, nadie se metía con la pandilla por sus conexiones a algunos peligrosos gánsteres italianos. Ellos transportaban ilícitamente el licor para los gánsteres durante esa época de ley seca y los gánsteres los protegían a cambio.

Un día, mientras caminaba hacia el parque cercano a casa, escuché los pasos apresurados de un grupo y un silbido fuerte detrás de mí seguido de un directivo para detenerme.

—Oye, tú. ¿Cómo te llamas? —preguntó el que estaba frente a mí con un acento español muy diferente a los que estaba acostumbrado a escuchar. Le di mi nombre y siguió hablándome.

—Yo soy Jorge, pero todos me conocen como El Gallego. Nos enteramos de la paliza que le diste al viejo John. ¡Joder! Bien merecida por sus malas mañas.

Me puso una mano sobre un hombro y los demás integrantes afirmaron por medio de diversas señales de asentimiento.

—¡Venga, tío! Tómate este traguito de güisqui.

Sin decir nada recibí la cantina de metal que me ofreció y bebí.

—¡Errrrrr! —susurré entre dientes con los ojos cerrados, mientras los demás del grupo reían y me daban palmadas fuertes en la espalda.

—¡Vaya, pana! —dijo uno con acento puertorriqueño, congraciándose conmigo por ser ambos de la isla.

—Get him some loco weed! —dijo otro en inglés y El Gallego sacó un cigarrillo magullado de su bolsillo, lo prendió con un fósforo y me lo ofreció.

—Ahora prueba esto.

Cedí, pero estaba un poco reacio a probar el cigarro oloroso. Al momento que inhalé, sufrí una gran presión en el pecho y unas ganas incontrolables de toser. Mientras tosía, escuchaba las burlas de los pandilleros al fondo.

—¡Venga, venga, Danielito! ¡Por ahí nos vemos! —me dijo El Gallego entre carcajadas y se volteó, señalando a los demás con un dedo que lo siguieran.

Así fue que probé licor y marihuana por primera vez. Aunque Papá me advirtió que me mantuviera lejos del grupo, no pude resistir sentirme halagado por las atenciones y la amistad que me brindaron luego de nuestro primer encuentro. Era como si me hubiera ganado un sello de aprobación de un montón de hermanos, algo que siempre había añorado al crecer solo entre hermanas.

Comencé a verme con ellos todos los sábados en un solar desierto donde nos juntábamos a fumar y a maquinar las ideas para ganarnos los chavos para el baile en la noche. Enamorábamos a las mujeres de la calle para que nos dieran unos dolaritos y también le quitábamos el dinero a los borrachos cuando salían de las cantinas.

Un día, para impresionar a mis nuevos «hermanos», me dejé tatuar el brazo derecho con el nombre de Augui enlazado con una cinta roja y la palabra «love», «amor» en inglés. Mientras me motivaban y aplaudían, mantuve cara de palo a pesar del dolor para demostrar mi valentía. Poco me importó en ese momento el sacrificio de sangre y piel. Mi meta era pertenecer y no dejarme joder.

A semanas de cumplir los trece años, dejé de estudiar. Aproveché la mala situación económica del país para buscar trabajo y dejar atrás la escuela; de todas formas, no me gustaba mucho estudiar. Papá me exigió que consiguiera un trabajo que pagara lo suficiente para independizarme si no iba a seguir estudiando. Así que, mientras salía algo mejor, brillé botas, lavé platos, y vendí hielo, y periódicos. Le daba unos centavitos a Papá para ayudar con los gastos de la casa, pero guardaba lo que podía. Algún día tendría que irme y ser un hombre solo.

Un día luego de la cena, Papá dijo que quería hablar una cosa conmigo y me llevó a su cuarto. Cerró la puerta detrás de él y me enfrentó con una mirada severa.

—Óyeme, Daniel —me dijo en voz baja y tono amenazante—. Ya me enteré que te andas juntando con esa pandilla de marihuaneros. Te advertí cuando llegaste de Puerto Rico. Mientras vivas bajo este techo, me haces el favor de portarte bien y dejar las zanganadas que te están enseñando esos vagos con quienes te juntas.

—¿Pero quién te ha dicho eso, Papá? —le respondí, mientras en mi mente buscaba la próxima mentira que podría decirle para seguir escondiéndole la verdad.

—Yo no te tengo que dar explicaciones. Pero te advierto, a mí me llega todo lo que tú haces en la calle.

Yo sabía que la situación en casa estaba difícil por la Gran Depresión. La Chevrolet aún no había llamado a Papá de regreso y seguía trabajando por menos dinero haciendo mantenimiento. Tomé la decisión de irme de casa en ese momento para no hacerle carga a mi familia y además para poder seguir haciendo lo que se me daba la gana con mis amigos. Vinieron días difíciles para mí. Alquilé un cuartito en Brooklyn y acepté todo el guisito que pude para subsistir el frío y el hambre. Durante ese tiempo logré sostenerme trabajando 17 horas al día lavando platos, y vendiendo lo que pudiera, hasta carbón. Tuve que ser fuerte, aun siendo un jovencito, debido a la dura realidad de la falta de oportunidades. La gente pasaba hambre y frío y los trabajos eran escasos por la crisis financiera.

Un día decisivo en septiembre del año 1930, empecé a cantar una canción que le gustaba mucho a mi madre, "Mi Linda Mariposa" de Rafael Hernández, mientras me bañaba. De repente, escuché a alguien tocando la puerta.

—¡Un momento, enseguida voy! —respondí, un poco molesto por la interrupción. Agarré una toalla para secarme y atender la puerta.

—¿Cómo estamos, muchacho? Pasaba por aquí a visitar a un amigo y te escuché cantando a todo pulmón —exclamó el sonriente desconocido, quien siguió su discurso—. ¿Cuántos años tienes?

—¡Catorce! —contesté, sacando pecho para demostrar que ya era un hombre a pesar de mi corta edad.

—Yo soy músico del Trío Lírico. Este sábado estamos contratados para cantar en una fiesta y nuestro cantante se enfermó. ¿Qué te parece si ensayamos y vemos si nos puedes ayudar cantando ese día?

Casi no pude dormir esa noche cargado de pensamientos sobre la buena dicha de poder ganarme unos dolaritos… ¡y cantando! Hasta ese momento, jamás me había imaginado un día que no tuviera que ensuciarme las manos para ganarme el dinero. Al día siguiente practicamos el par de canciones que iba a cantar en mi debut. Me di cuenta que podía memorizar los versos rápidamente, cosa que impresionó al trío.

Me gustaba el ritmo tropical de los boleros del Caribe y para esa época, Mamá los escuchaba en casa cuando Papá salía a trabajar. Como ella jamás nos dio queja de Papá, nunca supimos si él le prohibía escuchar boleros por sus creencias religiosas.

Ese sábado, el 13 de septiembre de 1930, debuté en el Borinquen Hall junto al Trío Lírico. Había más o menos cien personas rodeando una pista de madera situada al frente de la tarima negra. Subió el telón y empezaron a tocar las guitarras del trío para los invitados. Comencé a cantar y me entraron los nervios, pero recordé la técnica que había utilizado cuando niño en la iglesia. Fijé mi mirada al fondo, buscando un espacio vacío, y me enfoqué en él unos minutos mientras se me pasaba el nerviosismo. A los pocos minutos, ya estaba vigorizado por los aplausos y seguí cantando varios numeritos, incluyendo "Lágrimas negras" del Trío Matamoros. Los aplausos de mi público a través de los años siempre me fortalecieron.

Al final del espectáculo, el trío me felicitó. Me pagaron un dólar, que en aquel tiempo era mucho dinero para un muchachito joven como yo acostumbrado a ganarse solo unos centavitos. Me sentí halagado por las felicitaciones del trío y del público. Aquel baile fue mucho más sofisticado que la audiencia pequeña de la iglesia. Pensé entonces que tenía mucha suerte de poder ganarme ese dólar haciendo algo que me gustaba hacer. Al día siguiente celebré yendo a ver un juego de béisbol americano de los Brooklyn Dodgers. Desde ese día fue mi equipo favorito aun cuando se trasladaron a Los Angeles muchos años después.

Así debuté mi carrera artística con el Trío Lírico. Y aunque era muy jovencito, los seguí acompañando en presentaciones, mayormente los fines de semana. Me recomendaron al Conjunto

Yumurí y empecé a alternar entre las dos agrupaciones, cantando de vez en cuando en el Borinquen Social Club además de presentarnos en bautizos, bodas y otras celebraciones por un par de años. A pesar de esto, pasé mucha hambre porque el dinero que ganaba aún no era suficiente. Apenas bastaba para medio sobrevivir.

A los diecisiete años, Papá me recomendó que me fuera por un año con la CCC, un programa federal de trabajo, para ganarme un dinerito y dejar las malas amistades. Ese proyecto fue auspiciado por el presidente Franklin Delano Roosevelt para proveerle empleo a hombres solteros y reactivar la economía luego de la Gran Depresión. El programa ayudó a millones de hombres desempleados durante esa época difícil, y al mismo país también, porque se crearon cientos de parques nacionales que aún existen hoy en día gracias al sudor de la frente de muchachos como yo.

Papá me llevó a la oficina central de reclutamiento, donde me examinaron de pies a cabeza.

—¡Very good, Mr. Santos!

El médico militar aprobó mi estado de salud y me despachó a la sala de espera junto a su oficina. Allí una enfermera me dio un uniforme usado color caqui que parecía retazo de la Primera Guerra Mundial.

—You may try it on in the bathroom behind you —me indicó la enfermera señalando el baño detrás de mí. Me dirigí al baño a probarme el uniforme viejo que aparentemente había pertenecido hacía años atrás a un soldado muy alto y corpulento.

—Excuse me, Miss. It is much too big for me —le dije y le demostré como se arrastraba en el piso.

—I'm sorry, it's the last one we have —se disculpó la enfermera con una sonrisa sutilmente burlona, como las que me daba mi hermanita Lucy cuando quería sacarme la rabia.

Sin otro remedio, Mamá arregló el uniforme enorme, adaptándolo a mis medidas. El día de mi partida, junto a la puerta del apartamento, me echó la bendición, pidiéndole a Dios que me protegiera. Papá me acompañó a la estación de tren y se despidió con una simple advertencia:

—Pórtate bien, muchacho.

Acompañado por miles de otros jóvenes, partimos hacia los bosques del Norte de Nueva York a comenzar nuestras asignaciones. Acomodamos rieles, construimos aceras y sembramos árboles para los parques nuevos. El trabajo bajo el sol pleno de verano era duro y el sueldo era poco.

Al principio, estaba animado por el aire fresco y la vista de las montañas que nos rodeaban. Pero después de trabajar de seis de la mañana a seis de la tarde por tan poquito dinero, me sentí cansado y resentido. Doce meses eran demasiado tiempo para un alma inquieta como la mía. La vida nocturna me llamaba como sirena a un marinero.

Abandoné el programa de la CCC al cumplir con el requisito mínimo de un año. Cogí el primer tren de regreso a Brooklyn. Durante el viaje, observé por la ventana las impresionantes montañas de Catskill y medité sobre mi futuro. Pensé en lo mucho que había extrañado la ciudad, mis amigos, la buena música y la comida de Mamá. Llegué a la conclusión de que trabajar de sol a sol por unas pocas monedas no era para mí. Quería ganarme el dinero facilito y qué mejor que cantando.

Lo primero que hice al llegar, incluso antes de visitar a mi familia, fue ir al Bar Antón a darme unos palitos con mis amigos.

—¡Ahí está! ¡Mírenlo, muchachos, más morenito por el sol que aguantó trabajando pa'l gobierno! —anunció El Gallego al verme entrar.

—¡Loco, no me jodas! ¿Cómo van las cosas? —respondí riéndome.

En el bar me sentía como en casa. No sabía qué sería de mi vida, ni tampoco me importaba. Solo sabía que quería hacer lo que me diera la gana y gozar el momento.

Ese mismo día en el bar conocí a Las Pistolas, dos hermanas morenas, integrantes de la pandilla, que también eran prostitutas. Luego de un juego de cartas, me propusieron en armonía:

—Daniel, quédate aquí con nosotras y entre los tres, nos ayudamos.

Las Pistolas rebuscaban el dinero en la ciudad y compartían sus ganancias conmigo. A cambio, me pidieron que las protegiera de los malandrines que las abusaban y los pillos que les robaban. Muchas veces me invitaron a fiestas privadas en su habitación y compartimos drogas y sexo. A Las Pistolas les debía mucho por sus lecciones expertas en pasión.

Acepté su invitación como uno de los primeros escalones hacia la adultez. Además, me convenía por la situación económica del país. A casa no podía regresar. Papá desaprobaba de que yo cantara en cabarés porque le parecía cosa inmoral. Su religión exigía que la música glorificara solo a Dios.

Comencé a vivir en el segundo piso del Bar Antón con Las Pistolas y busqué a los demás de mi vieja pandilla para unirme a la comunidad de jóvenes desempleados como yo. Me rehusé a volver a vender hielo y carbón, regalando mi tiempo a jefes crueles por unas monedas. Era mejor probar suerte todos los días apostando en juegos de cartas y billar y cantar cuando se prestaba la oportunidad.

Seguí cantando con el Trío Lírico y el Conjunto Yumurí en los clubes de Manhattan, incluyendo un cabaré llamado Los Chilenos, pero el dinero no me alcanzaba para dejar los favores de mis amistades, como el dinerito que me daban Las Pistolas.

Entre mis amigos había putas, putos, viciosos, borrachos, peleones y vividores: Carmen, la prostituta más vieja del mundo; "Baltimore", traficante; "El Cabito", vicioso y contrabandista; "La Chiqui", prostituta rebuscona; "El Gallego", adicto al juego y la bulla; "Las Pistolas"; y finalmente, Amparo, "La Ñata", dueña de la "Silla Eléctrica", un prostíbulo de baja calidad. No lo niego que, aun siendo rechazados por la sociedad, fueron mis amigos ni tampoco olvido que les debo mucho porque fueron buenos conmigo.

Entre cuentos de bandidos, cigarrillos, ron y marihuana pasé las noches por varios años. En el Bar Antón también aprendí a rebuscarme el dinero, haciendo trampa para ganarle apuestas en juegos de cartas a los borrachones sabelotodos.

En 1936, cuando tenía veinte años, conocí a Lucy Montilla. Me enamoré de tal forma que me tatué su nombre en el brazo izquierdo y me casé con solo un par de meses de conocernos. Por ella dejé a un lado a todas mis amistades y mis malas andanzas. Conseguí un apartamento pequeño con mis ahorritos y ahí vivimos felices los primeros días, pero el matrimonio impulsivo duró muy poco tiempo. Lucy me quería tener al lado suyo todo el tiempo y me peleaba si salía a cantar o si visitaba al Bar Antón. Yo quería tener mi propia familia, pero con una mujer que no me fuera tan celosa como ella. Así que me divorcié de Lucy y volví a mi antigua rutina.

Al poco tiempo, tuve mi primer problema con las autoridades. Sucedió que me había enchulado de una trigueñita bonita quien se asomaba por su ventana al verme pasar, simulando regar las matas de su jardinera en la ventana. Eso pasaba todas las tardes de lunes a viernes, cuando yo iba de camino al Bar Antón. El Gallego me había advertido que conocía a la familia de la muchacha y que ella tenía apenas dieciséis años. Yo era mayor de edad, a los 20 años, pero esa información no me desanimó ante la mirada de sus ojos negros y enigmáticos. Empezamos a pasarnos mensajes secretos por la ventana de su apartamento en el primer piso. Doblaba mis mensajes en forma de avión para hacérselos llegar, como hacía cuando era niño y repartía programas para el teatro del barrio. Luego de unas semanas me cansé de satisfacerme con solo verla frente a su ventana. Quería tenerla en mis brazos, pero era imposible por la constante vigilancia de su padre, un hombre católico y sumamente estricto.

Un día, ella, igualmente ansiosa por avanzar nuestro cortejo, me envió una notita que decía: «Daniel, encontrémonos en algún lugar mañana. Estoy cansada de vivir en esta cárcel. Llévame contigo».

Le respondí instruyéndole que saliera de su casa como si fuera a la escuela y en vez de ir, nos encontraríamos a la hora de su primera clase cerca a la entrada del subway en la calle Schermerhorn. La cita nunca se dio porque su padre interceptó la nota y me denunció a las autoridades, acusándome de haber desflorado a su hija menor de edad.

Enfrenté cargos judiciales de tres años encarcelamiento por corrupción a una menor. Afortunadamente, semanas después en el juicio, pude demostrar que fue otro quien la desfloró gracias a El Gallego, quien conocía al verdadero culpable y testificó a mi favor. Aunque me impactó el susto de casi ir preso, seguí en mi abandono.

Una mala noche en el Bar Antón, mi oponente en un juego de cartas me acusó de hacer trampa.

—¿Te crees listo, cara bonita? —me preguntó, parándose de la mesa de repente y tumbando la silla tras él.

Aunque a veces hacía trampa, ese juego había sido uno de muchos que gané por mi propia cuenta. Enfogonado por su insolencia, le metí un puño en la cara, pero el desgraciado me apuñaló con un cuchillo y casi me mata. Necesité un mes entero de cuidado en un hospital, y un año entero para poder volver a caminar bien. Dicen que no hay mal que por bien no venga. El mal rato me hizo caer en cuenta que tenía que desprenderme de la pandilla y del Bar Antón. Como me gustaba cantar, empecé a poner más interés en desarrollarme como artista.

En la primavera del 1937, Mamá me invitó a que la acompañara un par de semanas a visitar a su familia en Puerto Rico. Ella siempre estuvo al tanto de mí, desde que salí del CCC y empecé a vivir con Las Pistolas. Papá casi no me hablaba. Él no aprobaba que me dedicara a cantar en clubes en vez de tener un trabajo estable y formar una familia.

Luego de un largo viaje en barco llegamos a la casa de los Betancourt, una estructura sencilla de color amarillo. Durante esos días, escuchábamos música en la radio en el patio de la casa. Antes del viaje me había decidido a esforzarme más como artista y me motivé a probar mi suerte con WKAQ, la emisora más grande de Puerto Rico en ese entonces. El locutor y compositor estaba encargado de la música en la emisora. Pensé que tan pronto me escuchara cantar, me ayudaría a conseguir un contrato para presentarme en la isla y quizá me ofrecería una grabación.

—Buenas tardes, caballero. Mi nombre es Daniel Santos y soy cantante. Ando por aquí de Nueva York a disposición de usted y la emisora, por si le interesa.

—¿Daniel Santos? Aquí nunca se ha escuchado de ti. Quédate en Nueva York, muchacho. Estás muy novato todavía.

El rechazo fue inmediato y directo. No permitió ni que le cantará un numerito del maestro Rafael Hernández que había ensayado desde el día anterior para ese preciso momento. El locutor me tomó completamente de sorpresa, ya que en Nueva York mis compatriotas boricuas siempre me habían acogido bien y me ayudaron mucho. Salí cabizbajo en silencio de la emisora, con el rabo entre las patas, pero al día siguiente, me sentí desafiante ante la crítica.

De vuelta en Brooklyn, me enteré de la Masacre de Ponce que ocurrió al poco tiempo de llegar yo de Puerto Rico. Leí los periódicos y no podía creer que, bajo el mando del gobernador yanqui a cargo de mi isla, la policía había herido a más de doscientos ciudadanos y habían muerto diecinueve también, supuestamente por heridas de las balas que cayeron mientras huían. La masacre sucedió a causa de una protesta contra el encarcelamiento de don Pedro Albizu Campos, líder del Partido Nacionalista. Desde ese momento, empecé a interesarme en la independencia de Puerto Rico y a seguir los pasos de don Albizu Campos. Muchos años después, por fin grabé una canción que escribí, "La Masacre de Ponce", en honor a los patriotas caídos ese día. No me imaginé en esos tiempos que mis creencias políticas me llevarían a ser perseguido por el FBI dos décadas después.

Volví a Brooklyn a cantar en fiestas y cabarés y a soñar con sobrepasar la mediocridad. El momento humillante que pasé en esa emisora de Puerto Rico fue el que me motivó a perfeccionar mi arte y a esforzarme por lograr un contrato de grabación. Me prometí a mí mismo que algún día regresaría triunfante a mi tierra para verle la cara a ese locutor de WKAQ que me había rechazado.

Dediqué más tiempo a trabajar en los cabarés del centro de Manhattan, incluyendo el Atlantic Theatre y Don Julio's. En 1938, logré que me dieran más noches de presentación en Los Chilenos y alquilé un cuartito lejos del Bar Antón. Ahí trabajé por muy poco dinero, pero podía tomar todo el vino que quisiera, ¡que no fue poco! Yo era campeón antes en eso. También recibí oferta del popular Cuban Casino para cantar una noche a la semana. Pero los dueños eran sagaces y aparte de cantar, tuve que servirles de maestro de ceremonia y a veces de mesero por solo diecisiete dólares a la semana. Yo botaba mi dinero y después salía a buscar trabajo para seguir vacilando.

Mi carrera progresó muy lentamente. Al principio iba solo cantando alrededor de Nueva York, sin representante. Un cantante de cabaret desconocido, uno del montón, como son muchos al empezar como artistas. No fui una estrella que surgió de la noche a la mañana. Fueron muchos los desencantos antes de que llegara a mi vida Don Pedro Flores, mi mesías.

En el mismo Cuban Casino, adonde acudían los latinos del área, se presentaba la Orquesta de Augusto Cohen y la famosa artista española Consuelo Moreno. Me motivé al ver a algunos de los famosos que pasaban por el club y seguía esperanzado que algún día llegaría mi oportunidad. Recuerdo también que luego de cada presentación me iba a mi cuartito, casi siempre acompañado. En esa época tuve tres mujeres a la vez, pero a ellas no les importaba. Estaban dispuestas a compartirme y ayudarme con dinerito que ellas mismas habían ganado. La faena era así: Me esperaban en el bar sentadas todas juntitas hasta que yo acabara mis tareas y luego me iba con una, o con dos, a veces con todas tres, y pasábamos la noche juntos; aquello era todo un bacanal. Dicen que yo era bien parecido para esos tiempos, qué sé yo, pero las tres aceptaron la situación inusual.

En el Cuban Casino conocí a muchas mujeres bellas. Yo vivía del vacilón, de día en día. Tuve amores fugaces durante ese tiempo con todo tipo de mujeres: americanas, mexicanas, de alta y baja sociedad. ¡Yo no discriminaba! Muchas de ellas se juntaban conmigo buscando satisfacer sus fantasías de amores con artistas. Pero una noche en el centro nocturno, por medio de un mutuo amigo, conocí una mujer muy especial y unos años después, se convirtió en mi segunda esposa. Se llamaba Rosa Minieri y era una inmigrante italiana que aparte de italiano, hablaba inglés y un poco de español.

—How do you do? I'm Rosa —me dijo con una voz profunda y sensual. Observé su mano envuelta en un guante de satín y extendida hacia mí en reconocimiento del encuentro.

—Very well, thank you. And you? —le contesté, tomando su mano para llevarla a mis labios. Mirándola a sus ojos negros brillantes, supe inmediatamente que sería mi mujer.

Rosa no era como las otras mujeres que había conocido hasta entonces. Era audaz, emprendedora, y hábil en los negocios. Estaba divorciada y tenía un hijo de ocho años llamado Joe. Por su tenacidad, ya había logrado abrir un pequeño nightclub en Nueva York, The Southland, y pensaba abrir otro en Cuba, cosa que admiré mucho de ella.

—Rosa, would you marry me? —le propuse al poco tiempo de conocernos.

—Of course, Danny! Yes! —respondió, llamándome por el sobrenombre que me había puesto, el diminutivo anglo de Daniel. Nuestro compromiso fue una temporada de mucha actividad. Nos la pasábamos de parranda en parranda, con amigos americanos y latinos, tomando los mejores licores y comiendo en los restaurantes gourmets de la ciudad. Teníamos el mundo agarrado por los cuernos.

Don Pedro Flores

Cuarteto de Pedro Flores

Mi mesías

«Baila, baila, baila, rumbero…»
Tema: Llegó el rumbero, 1954
Compositor: Moncho Usera
Agrupación: Orquesta de Moncho Usera

Creo que mi determinación por que mi situación mejorara conjuró a don Pedro Flores, mi mesías y mentor.

En 1938, al poco tiempo de haber cumplido yo 22 años, apareció don Pedro Flores durante unas de mis presentaciones en el Cuban Casino. En esa época, él ya era un prolífico compositor de boleros y guarachas, incluyendo "El retrato", "Ven donde mí" y "Sin bandera". Con gran asombro, me enteré que llegó por recomendación de su amigo, el gran maestro compositor Rafael Hernández, quien le dijo que me había oído cantar una vez en el club y que, aunque yo gritaba mucho, tenía potencial y además parecía un muchacho humilde y de buena voluntad. Aunque hasta el momento desconocía que el maestro Hernández me había escuchado cantar, le di gracias a Dios porque le habló de mí a don Pedro y porque éste a su vez decidió brindarme una oportunidad.

Esa noche decisiva observé al dueño del Cuban Casino desde el escenario, sentado en una mesa acompañado por un señor trigueño y elegante que lucía gafas, dándole un porte de académico.

Ambos hablaban mientras me observaban cantar una canción titulada "Amor Perdido". Al finalizar mi espectáculo, agradecí al público como de costumbre y fijé la mirada en el dueño del club, quien me hacía señas para que me acercara a la mesa donde se encontraba.

—Buenas noches, caballeros —saludé, curioso por la convocación.

—Daniel, el señor que se encuentra al lado mío es don Pedro Flores, compositor y director de música. Él está aquí para ofrecerte cantar junto a su cuarteto.

La noticia me dejó pasmado y mudo. ¡No lo podía creer! Antes de que pudiera decir una palabra, don Pedro confirmó la oferta. Yo había oído hablar de él, pero nunca lo había visto ni conocido en persona. Sabía que era muy respetado por el éxito de sus composiciones, así que la oferta de trabajar con él era un gran honor.

—Así mismo es, Daniel. Quiero proponerte que ensayemos unas canciones compuestas por mí, y luego, si todo sale bien, firmamos un contrato para grabar algunas de ellas. ¿Te parece?

—¡Seguro, maestro! Estoy a sus órdenes —respondí firmemente, ansioso por comenzar esta nueva etapa de mi vida.

Para un artista de cabaré como yo, una grabación era como ganarse la lotería. Durante ese maravilloso encuentro, presentí que don Pedro iba a significar mucho para mí y que, por medio suyo, mi trayectoria artística tomaría un rumbo afortunado. Me atrajo de inmediato su carácter: era un hombre tranquilo, de tono suave y disposición pacífica. A veces me equivoqué al juzgar el carácter de las personas, pero no en el caso de don Pedro. Su cariño fue constante a través de los años y me sentí dichoso de tener un mentor así. Además, estaba muy bien conectado y conocía a muchos arreglistas y productores de música, y había trabajado con los mejores cantantes puertorriqueños del momento, y con el cubano Panchito Riset, mi artista favorito. Don Pedro era un músico empírico; no tenía educación formal en la música, pero Dios mío, ¡qué oído!

Trabajé largas horas con El Cuarteto Flores practicando el crescendo y decrescendo a capella para lograr una consistencia en tono. Uno de los integrantes, Davilita, se hizo gran amigo mío de inmediato y muchos años después, llegó a ser mi compadre cuando apadrinó a mi hija Danilu.

Don Pedro me enseñó que el bolero es un ritmo lento de cuatro tiempos.

—Un, dos, tres, cuatro… —dirigía el maestro.

Durante los años que trabajé con él aprendí los pormenores de la música, a leer notas musicales y componer mis propias canciones y melodías a puño y letra. El trabajo era duro y don Pedro era exigente con sus músicos. Al rato, quise renunciar, pero sabía que lo mejor era quedarme y seguir bajo su tutela. Además, nada bueno me esperaba si regresaba a mi antigua vida en Brooklyn. Tenía que seguir mi nuevo rumbo hasta donde me llevara. Con su ayuda, desarrollé mi propio estilo de canto, que fue evolucionando con el tiempo. Don Pedro fue mi mentor y a él le debo todo lo que aprendí de la música. Para mí, nunca hubo alguien en el medio artístico más importante y durante toda la vida le di crédito por lanzar mi carrera al estrellato.

Con la canción "¿Qué te pasa?", un dúo con Chencho Moraza, arranqué con mi primera grabación, la cual se publicó al año siguiente en 1940. Así, don Pedro borró la línea que separaba mis sueños de la realidad. En el estudio, mientras los músicos se preparaban para comenzar la grabación, pasaron por mi mente todos los pasos que recorrí hasta llegar a ese momento, como una película. Desde mis días de niñez en Puerto Rico cuando vendía aguacates con mi abuelito y repartía volantes para ganarme la entrada al cine, hasta cuando trabajé de lustrabotas como adolescente en Nueva York. Recordé las largas jornadas excavando tierra en la CCC y el contraste de los buenos tiempos de bohemia con mis amistades en el Bar Antón. También llegó a mi memoria el rechazo que me dio el locutor de la emisora WKAQ en Puerto Rico.

Logramos decenas de interpretaciones exitosas entre 1940 y 1941, gracias a Dios y al gran talento para la composición que tenía don Pedro. Las primeras canciones que grabé, incluyendo "La Gaga" y "Recordar es vivir", las hice a dúo con Chencho Moraza. Tuvimos otros éxitos tempranos que permanecieron en mi repertorio permanente, entre ellos "Perdón", "Esperanza Inútil" y "Margie". Trabajamos con muchos talentosos compositores, como Augusto Cohen, con quien había colaborado antes de conocer a don Pedro. Me pareció, hasta ese momento, la mejor época de mi vida. Incluso pude mudarme a un apartamento mejor debido al aumento de ingresos que tuve por los contratos de grabación.

A finales del 1941, cuando estalló la Segunda Guerra Mundial, don Pedro me compuso "Despedida", canción que me identificaría en el ámbito musical el resto de mi vida. Esa canción fue la mejor grabación de mi repertorio, según don Pedro, pero nadie supo que, al grabarla, ¡me tuve que meter media botella de ginebra para poder lograr la parte donde lloro!

En 1941 dimos la primera gira en Puerto Rico y se me cumplió el deseo de regresar triunfante a mi patria. Trabajamos bajo la dirección musical de Moncho Usera, el virtuoso músico y arreglista y grabamos muchos éxitos juntos como "Jugando mamá jugando" y "Llegó el rumbero". La noche de mi debut en mi isla cantamos al aire libre desde una tarima situada entre palmeras con vista al mar. El público estaba que ardía y, junto a Chencho, canté "Juan", una guarachita compuesta por don Pedro que se hizo popular por el tema de la Segunda Guerra Mundial.

Juan…

Ahora sí que se te ha puesto malo

Que ahora vas a tener que ir a pelear

Y dicen del Japón que las cosas no estaban como están

Juan…

El recibimiento en Puerto Rico fue apoteósico. En la misma WKAQ se escuchaban muchas de mis canciones y pensé, «¡Ahora sí no me pueden llamar novato! ¡Quisiera poder encontrarme a ese locutor ahora!». Pero dicen que no hay dicha que dure y, en esa misma gira, me di cuenta que era verdad. En el salón de baile del club, una puertorriqueña feroz me acorraló en un pasillo, insinuándose. Era aparente que estaba pasadita de tragos y aun así empuñaba una botella de cerveza en su mano. Tuve que cogerla fuerte por un brazo para apartarla. La mujer, enfurecida, partió la botella contra la pared y avanzó hacia mí. Rápidamente, tomé una penca de palma de coco que estaba en el suelo y le metí en la cabeza. Llegó la policía y me llevaron al cuartel, pero me soltaron al par de horas con una multa. Esa trifulca me dio fama de abusador y la prensa arrasó conmigo; coge fama y échate a dormir, como dice el refrán. ¿Qué podía hacer?

Me uní a una colaboración de varios artistas, incluyendo Myrta Silva, bajo la dirección de Moncho Usera, y grabamos varios temas ese año. La grabación incluyó mis primeras tres composiciones: "Triste carta", "De castigo" y "Me extraña". Desde ese encuentro, Myrta, a la que se conocía como La Gorda de Oro, fue mi amiga durante muchos años. Sin embargo, cuando viví luego en Cuba, resentí muchos los chismes que regaba de mí de que yo era comunista.

En 1942 recibí otra excelente oportunidad. El famoso director musical Xavier Cugat me invitó a una audición para remplazar a Miguelito Valdés, conocido como Mr. Babalú, quien era el cantante principal del género tropical del espectáculo de Cugat. Se decía que Miguelito lo había enfurecido al encender un farol que el director expresamente había prohibido a todos tocar, ya que únicamente el señor Cugat lo encendía al comenzar el espectáculo. Era el sello personal que le ponía a su programa.

Tomé nota de las excentricidades del director, pero estaba decidido a no desperdiciar la gran oportunidad de trabajar con la orquesta. Me citó en el salón de baile del Hotel Waldorf-Astoria situado en Park Avenue de Manhattan, el hotel más prestigioso de toda la ciudad. Allí el director presentaba su respetado espectáculo semanalmente.

—Señor Cugat —le dije y le ofrecí una pequeña reverencia inclinando mi cabeza.

—Ven, Daniel. Toma asiento donde gustes. Vienes muy recomendado por mis amigos, los dueños del Cuban Casino. Me han dicho que eres inagotable y voluntarioso.

Al famoso y elegante director lo conocían en Nueva York como el Rumba King y se le acreditaba la introducción de nuestros ritmos tropicales, como el mambo y la conga, al mercado anglo. Además, él era tremendo compositor de exquisito talento musical y andaba en círculos de artistas de muchas partes del mundo. Había sido esposo de la famosa actriz y cantante cubana Rita Montaner. No había famoso en Hollywood que no lo conociera y dicen que él mismito fue quien descubrió a Frank Sinatra.

La orquesta de Cugat tenía contrato exclusivo en el Waldorf-Astoria. Para su espectáculo tropical, él requería que los integrantes usaran vestimenta de estereotipo caribeño, imagen designada por Hollywood para ese género de música que, en su mundo, era novedosa. El vestuario incluía camisa con voluminosas mangas escalonadas en blanco y rojo y una caricatura dibujada por él mismo. Además, el señor Cugat esperaba que yo siguiera el estilo y ritmo afrocubano que le impuso a Miguelito en los espectáculos anteriores.

—Con todo respeto, maestro, no creo que sea mi estilo —dije para rehusar el requisito, pero el señor Cugat insistió firmemente en su acento catalán.

—Ese tipo de atuendo y música es parte de la atracción. ¿Acaso no te servirán los ochenta y cinco dólares semanales que te ofrezco por solo una presentación semanal?

—¿Ochenta y cinco dólares? ¡Por supuesto, señor Cugat! ¿Cuándo empiezo? —respondí un poco incrédulo ante esa oferta tan generosa.

—Esta misma noche la orquesta tendrá una presentación especial en el Savoy-Plaza. Ahí haremos el anuncio de tu debut. ¡Ah! Y Antes que se me olvide. ¡Debes afeitarte el bigote!

Decidí no argumentar la nueva exigencia. Aunque me parecía una pendejada, ya tenía que ponerme un atuendo estrambótico; ¿qué más daba afeitarme el bigote? Al día siguiente, la revista *Billboard* anunció el acuerdo:

CUGAT PRESENTS A NEW LATIN SINGER AT THE WALDORF-ASTORIA, DANIEL SANTOS

El director me entrenó para remplazar a Miguelito y lograr una transición exitosa. Acepté las condiciones por el buen pago y la libertad de seguir trabajando el resto de la semana con El Cuarteto Flores. Además, me interesaban las buenas conexiones que podría hacer trabajando con el renombrado director. Por el gran salón del hotel, el Starlight Roof, pasaban muchos famosos de Hollywood, incluyendo la actriz Rita Hayworth, el gran bailarín Fred Astaire y hasta el famoso John Wayne.

    Canté canciones al ritmo del mambo, conga y chachachá que el señor Cugat escogía para el programa, muchas de las cuales había cantado Miguelito Valdés, mi predecesor.

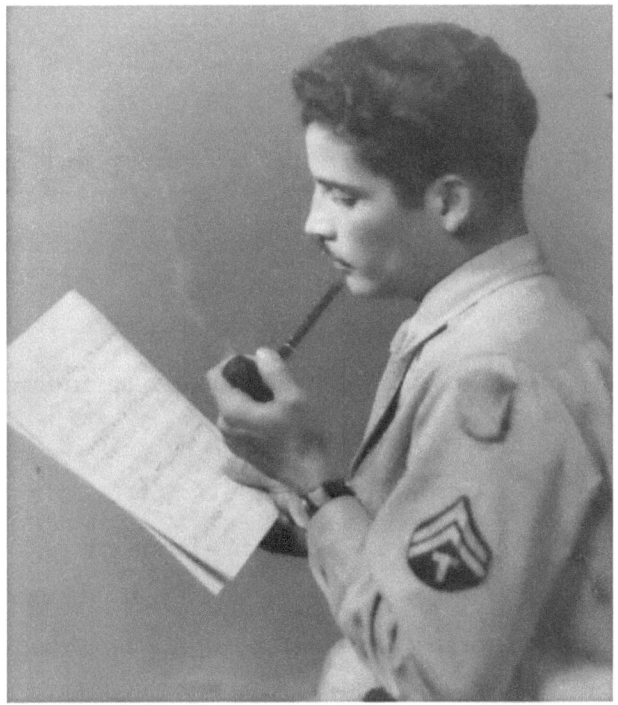

Soldado de infantería, EE.UU., 1942-1946

Entreteniendo a las tropas estadounidenses

De cantante a soldado

«Te metiste a solda'o y ahora tienes que aprender…»
Tema: El corneta, 1953
Compositor: Daniel Santos
Agrupación: La Sonora Matancera

Sentía que tocaba el cielo con las manos trabajando con don Pedro Flores, el señor Cugat y con el amor de Rosa, pero, de repente, esa dicha cambió. Había trabajado con el señor Cugat menos de un año cuando recibí una orden del ejército americano de presentarme al Camp Breckinridge en Kentucky para entrenamiento básico militar. ¡Eso no me lo esperaba! «¡Carajo!», pensé al leer el documento decisivo titulado en inglés que decía:

To Mr. Daniel Santos:
ORDER TO REPORT FOR INDUCTION.

Yo no simpatizaba con los actos políticos de los Estados Unidos desde la Masacre de Ponce que ocurrió en mi isla en 1937, pero no tuve más remedio que obedecer la orden militar; de lo contrario, podía ir preso.

En 1941 bajo el mando del famoso general McArthur, los Estados Unidos habían iniciado su participación en la Segunda

Guerra Mundial debido al ataque de Japón, un aliado de Alemania, contra Pearl Harbor, un territorio americano en Hawaii. No sorprendió a nadie el acto de revancha de los Estados Unidos contra la nación asiática.

Cuando recibí la orden de integrarme al ejército en 1942, recordé de inmediato la canción "Despedida". Me pregunté a mí mismo, «¿Cuántas veces he cantado esa melodía a los jóvenes que se preparaban para prestar servicio? Y ahora me ha llegado el turno a mí». Con la orden militar en mano, las letras de la canción empezaron a recorrer mi pensamiento.

Vengo a decirle adiós a los muchachos
Porque pronto me voy para la guerra
Que, aunque vaya a pelear en otra tierra
Voy a salvar mi derecho, mi patria y mi fe...

"Despedida" era una oda al destino incierto para esos miles de soldados unidos por el sacrificio durante esa época. Por ese sentido comunal, el tema me catapultó a la fama en 1941 y me quedé con el mercado al comienzo de la Segunda Guerra Mundial.

A regañadientes, por tener que dejar todo atrás, me presenté a la base militar. Me despedí de mi familia en Brooklyn, de mis amistades, de Rosa y el pequeño Joe, de don Pedro y los muchachos del cuarteto y de Cugat, quien me dijo que se veía obligado a cancelar mi contrato en el Waldorf-Astoria y conseguir un remplazo. Don Pedro, al contrario, me pidió que lo buscara cuando regresara.

Ya situado en el Camp Breckinridge completé el entrenamiento básico. Pasaba los días y noches en penuria por la falta de diversión y no me acostumbraba a la rutina debido a mi naturaleza peripatética. Extrañaba mucho el privilegio de la buena vida al lado de Rosa y mis amigos. Durante el tiempo que estuve en el ejército, me escapé una vez por varios días, pero la policía militar me anduvo buscando por todos lados y me di cuenta que no terminaría la persecución a menos que me regresara a la base militar. Me entregué a la merced de la policía militar y rápidamente me encuevaron en un calabozo por tres días con tan solo migajas de pan y agua. «¡Mal rayo me parta, carajo! ¡No me imaginé que me esperaba esto! No me hubiera entregado», pensé varias veces durante el encarcelamiento medieval.

El castigo no terminó al final de esos tres días. Me juntaron con los demás prisioneros del batallón a hacer los trabajos más sucios. Nos tocó botar la mierda de las letrinas, cavar huecos, sacar la grasa podrida de los drones de basura y cargar y descargar los camiones del campamento. En las noches dormíamos sobre la tierra, sin colchón, debajo de tiendas de campaña color verde oliva. En las mañanas, nos dirigían a nuestros puestos de guardia con las manos amarradas detrás de la espalda. Obligaban a nuestros compañeros a apuntarnos con un fusil a todas horas por si intentábamos escapar. Así castigaban a los desertores. No les importábamos un carajo mientras a los prisioneros alemanes los trataban como reyes. Ellos que eran enemigos de guerra dormían en una buena cama y hasta les permitían hacer fiesta entre ellos de vez en cuando.

Mi primera asignación fue en la isla de Maui y llegué junto a otros soldados atravesando el Océano Pacífico por barco. Durante año y medio, desde las seis de la mañana hasta las seis de la tarde, serví como soldado de infantería. Un día nuestro coronel me vio tocando la guitarra y cantando un dúo con Juanito, un compañero de guerra puertorriqueño que también cantaba. Se acercó a hablarnos y cuando supo que había sido cantante de la orquesta de Cugat, gestionó que me asignaran junto a Juanito a una banda militar de jazz que entretenía a soldados americanos por las noches. Los soldados gringos me bautizaron con el apodo Cisco Kid porque, según ellos, tenía parecido a ese personaje del cine norteamericano, ambos éramos rebeldes y teníamos pelo negro y bigote.

Nuestro teniente nos permitía a mí y a Juanito, con permisos de salidas especiales una vez al mes, para ir a las fiestas de un barrio puertorriqueño donde comíamos lechón asado, bebíamos ron y bailábamos hasta el amanecer.

Luego de dieciséis meses, partimos de la isla de Maui hacía Japón, desembarcando en Osaka, con el objetivo de invadir y coger por las greñas a Japón por instrucción del general McArthur. Acampamos en la playa armados hasta los dientes hasta recibir nuevas órdenes. Los japoneses salieron despavoridos corriendo de la playa a encuevarse tierra adentro.

Tras armar nuestras carpas, a Juanito y a mí nos asignaron como guardias del campamento. Un día de descanso decidimos aventurarnos a un pueblito llamado Tennoji que quedaba a un par de kilómetros y en el camino nos topamos con un vendedor ambulante. Mi amigo insistió:

—¡Veamos qué vende!

Hambrientos y curiosos examinamos los ofrecimientos misteriosos frente a nosotros. Escogimos una fritura con aspecto de plátano maduro y nos supo a pollo soso.

—¿Qué es esto? —preguntó Juanito, perplejo. Intrigados, indagamos al vendedor con señas de manos qué era lo que acabamos de comer. Él sonrió maldadosamente y respondió con una seña de ondulación lateral usando su mano derecha. Al ver nuestras caras de asombro, soltó una carcajada, asintió con la cabeza y sacó y escondió la lengua imitando a una culebra. Abatidos por el asco y la náusea regresamos a montar guardia. Después de ese incidente, Juanito y yo decidimos que era mejor limitarnos a la comida que nos daban en el comedor del batallón.

Durante el servicio militar, aprendí a apreciar más el valor de los pequeños placeres de la vida. Añoraba la comodidad de una silla acolchonada y de mi cama, el sabor de un buen plato de arroz con habichuelas y la alegría que me daba un palito de ron cuando tomaba.

Cerca de la base militar había un prostíbulo, legal en Japón durante ese tiempo. Las servidoras japonesas eran inspeccionadas todos los viernes por las enfermeras del batallón. Si pasaban la prueba, recibían un certificado, el cual mostraban al soldado cliente.

La cabaña que servía de prostíbulo recibía la clientela en una sala pintada de rojo, decorada con matas de bambú y estatuillas de Buda. Los soldados seguían a sentarse en unos muebles de cuero negro cuarteados por la edad, tal como la cara de la anciana japonesa que manejaba el local. Allí, ella les pasaba un catálogo que contenía fotos de las prostitutas que estuvieran disponibles, como si fuera un menú de restaurante. «Fifteen minutes, one dollar». Esa era la corta instrucción que le daba a cada soldado cuando llegaba su turno. Las cortinas doradas daban privacidad a las transacciones carnales.

No me atraían las orientales, pero al no haber opciones, me animé a la aventura. La primer vez que fui mi mente estaba dispuesta, pero mi cuerpo no respondió al ver a la mujer frente a mí, plana de norte a sur. Prefería las curvas sensuales de la mujer latina. Así que, avergonzado por la incapacidad del momento, salí sin experiencia nueva y sin dinero. Al par de meses, regresé como un animal por la soledad y fui capaz de culminar la hazaña al enfocarme en memorias de Rosa y sus caricias y besos. Seguí visitando a la misma servidora y le cogí pena porque era muy pobre. Todos los fines de semana le traía carne que me robaba de la comisaría y cigarrillos que obtenía en trueque con otros soldados. El resto de mis días en Japón pasaron sin mayor suceso.

Finalmente, en 1946, cumplí con mi obligación de servicio militar. Escuchamos que los nazis de Alemania habían sido derrotados por las fuerzas aliadas. Mi batallón regresó hacia los Estados Unidos en buque naval a través de un océano minado por los japoneses. Llegamos por obra de Dios luego de rozar la explosión de dos minas y atravesar una tormenta marítima espeluznante. Todos los soldados arribaron al puerto militar asustados pero agradecidos de estar con vida.

—¡Regresaste, Daniel! ¡Por fin! —exclamó Rosa abrazándome cuando desembarqué de la nave militar. Casi no reconocí a Joe que, a los quince años, ya parecía todo un hombre. Me enteré que había estado jugando fútbol americano en el equipo de su colegio. Me sentí alegre de estar vivo y con muchas ganas de regresar a mi vida al lado de ellos.

Rosa y yo nos casamos al poquito tiempo de mi llegada y le di mi apellido a Joe. Era un muchacho inteligente y tranquilo. Me sentía afortunado y orgulloso de ambos. Los tres vivimos en Nueva York y nos manteníamos ocupados. Yo seguí cantando y grabando música mientras Rosa atendía su nightclub y Joe estudiaba.

En concierto

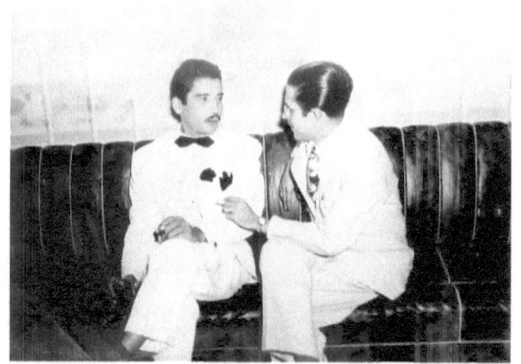

Con su amigo el periodista Mariano Artau, Puerto Rico

Foto promocional

Trujillo y el
terrible terremoto

«Oh señor, sálvame, sálvame...»
Tema: El demonio en el batey, 1950
Compositor: Daniel Santos
Agrupación: La Sonora Matancera

Inmediatamente después de salir del ejercito grabé varias canciones junto a la orquesta de Rafael González Peña, incluyendo "Por mi honor" y "Romance del campesino". La rumba estaba de moda en todos lados. Había tanto trabajo para mí que no me alcanzaba el tiempo para dedicarle a mi familia.

Regresé a Puerto Rico por un par de meses a cumplir un contrato de grabaciones. Rosa se quedó en Nueva York cuidando de su nightclub y pendiente de Joe, a quien le estaba yendo bien en la escuela.

De Puerto Rico salí hacia la República Dominicana contratado por un promotor de La Voz del Yuna para grabar y presentarme en la cadena de televisión y radio. Me instalé en Ciudad Trujillo, actualmente Santo Domingo, que entonces estaba bajo el gobierno del dictador Rafael Leónidas Trujillo. Aunque no apoyaba al dictador, había firmado el contrato apresuradamente sin saber en lo que me iba a meter. En ese tiempo bebía de día y de noche y me metía en contratos sin pensar las cosas muy bien. Aún era novato y tenía la tendencia de aceptar todo trabajo que se me presentaba.

Apenas llegué me dediqué a disfrutar de la preciosa playa y los bailes. Sin embargo, el ambiente en la emisora estaba pesado. Petán, hermano del dictador Trujillo, dirigía la emisora con mucha rigidez. Dicen que amaba tanto la emisora que hasta dormía en ella.

Un día, Petán me llamó a su despacho.

—Daniel, quiero que te presentes en mi teatro, este fin de semana. Si logras llenarlo, te prometo una buena compensación.

Las taquillas para mi presentación en el Teatro Luisa se acabaron en un par de días y tuvieron que desmontar las puertas de entrada para poder acomodar a tanta gente. Yo estaba contento esperando una buena recompensa por la buena venta de taquillas y sabía que el mismo Petán había ganado mucho dinero esa noche.

El lunes siguiente, Petán se me acercó mientras yo estaba jugando dominó con un par de locutores de la emisora.

—Aquí está el regalo que te prometí, Santos.

Me lanzó una cajetilla de cigarrillos Lucky Strike que vi con el rabillo del ojo. Me tomó por sorpresa que me regalara unos cigarrillos cuando me había prometido una buena compensación antes de la presentación.

—Mayor Petán, ¿y los fósforos? —le pregunté con sarcasmo.

—No compré fósforos porque cuestan setenta centavos —contestó. Y de inmediato dio la vuelta y se fue.

Terminé el juego de dominó en silencio y encabronado por la humillación. Pensé, «¿Qué se cree, que yo valgo una simple cajetilla de cigarrillos?». Salí decidido a vengarme y compré no una cajetilla, sino un cartón de cigarrillos de la misma marca y regresé a su oficina.

—Mayor Petán, aquí le traigo este cartón, una muestra de mi agradecimiento por el contrato —La arrojé sobre su mesa para que cayera en cuenta que regalarme una cajetilla de cigarrillos había sido un insulto. Él, muy descarado e indiferente ante mi sarcasmo, sonrió y preguntó:

—¿Y los fósforos?

Yo no lo iba a dejar con la última palabra, así que le respondí:

—Fíjese, mayor, que no dan fósforos con ellos, ¡y eso que compré un cartón, no una cajetilla!

Salí rápidamente de su oficina hacia la cantina más cercana a darme un traguito de ron para apaciguar el coraje.

El mayor Petán tenía fama de verdugo y nadie se movía sin su permiso. Todos se doblegaban a sus caprichos por sus poderosas conexiones y por el historial sangriento de la dictadura. Para dar evidencia de su omnipotencia, fieles seguidores de Trujillo colocaron anuncios luminosos sobre varios edificios de la ciudad que blasfemaban «DIOS Y TRUJILLO». Presentí que no me lo iba a aguantar mucho tiempo.

A los pocos días, en la emisora, empecé a bromear con un amigo durante las horas de silencio impuestas a la cañona por Petán. Sus órdenes se seguían al pie de la letra para evitar multas por desacato, pero yo nunca fui bueno para las normas. Si sobreviví en el ejercito unos años atrás fue porque me asignaron principalmente a cantar para las tropas y por el buen trato de mis superiores luego de terminar el entrenamiento básico.

Petán pasaba por el lado de la sala de grabación cuando nos vio, a mí y a mi amigo, hablando y riendo. Me pegó un grito de inmediato y me pasó una multa por escrito.

—Pero, mayor, ¡no hice más que reírme! —repliqué, desafiante ante la injusticia.

Ya el mayor me tenía velado desde el asunto de los cigarrillos, así que aprovechó mi descuido.

—¡Oye, boricua, tú aquí no eres mejor que nadie! ¡Aquí mando yo! —advirtió con un puño en el aire. Para demostrar su poder a todos en la emisora, me envió preso por varios días al calabozo de la Fortaleza Ozama.

No volví a la emisora por un tiempo y seguí trabajando por mi cuenta cantando en las noches. Las mujeres se me acercaban en casi todos los shows que presentaba. Era muy difícil resistir las tentaciones cuando se aparecía tanta mujer hermosa y dispuesta dondequiera que iba. Intentaba serle fiel a Rosa, mi esposa, pero yo siempre fui mujeriego. Aunque era evidente para mí que muchas mujeres se me acercaban por la fama, no me importaba. Si había oportunidad, metía mano. Durante ese viaje me ajunté con varias noviecitas.

Conocí a una de ellas en un baile en Boca Chica cuando me fijé que me miraba mucho desde su mesa. La invité a bailar y no nos despegamos el uno del otro, tomando y bailando toda la noche. Nos fuimos del baile juntos a una casa que yo había alquilado. Al día siguiente, me reveló casualmente que era familiar de los Trujillo. Sentí náuseas y se me hicieron agua las rodillas. Rápidamente la regresé a su casa para evitarme más líos.

Ese mismo año, en 1946, presencié un terrible terremoto en República Dominicana de magnitud de ocho grados en la escala de Richter. El suceso me cogió en casa tomándome unos vinitos con una jevita. De repente hubo un estruendo, empezaron a jamaquear los soportes de la casa, los cuadros cayeron al suelo y toditos los muebles se movieron de su lugar. Salimos hacia la calle, pensando que estaríamos más seguros afuera. Vimos a hombres y mujeres de rodillas en la calle suplicando a los cielos y niños perdidos buscando a sus mamás mientras las casas y edificaciones caían estropeadas alrededor de ellos. El terremoto duró solo un par de minutos, pero pareció una eternidad. Alrededor nuestro, muchos edificios y casas quedaron disueltas en montones de escombros. Regresamos a casa. Por obra de Dios seguía en pie, aunque por dentro estaba todo roto y tirado en el piso.

Al día siguiente llamé a otra noviecita que estaba hospedada en el Hotel Jaragua para saber cómo le había ido. Me contó que en el instante que estaba por meterse en la piscina el terremoto la partió por la mitad, vaciando el agua por todo el terreno. Tuvo que moverse rápido; si no, el agua se la llevaba.

Durante días se sacudió la tierra y yo pasaba el susto con tragos de ron. Como yo me crié en la parte norte de Estados Unidos, donde no ocurren esas cosas, estaba más asustado que una cucaracha en baile de gallinas.

Cuando se normalizó la ciudad, tuve que regresar a terminar de cumplir mi contrato en La Voz de Yuna, pero evitaba a Petán a toda costa. Aunque de día estaba el ambiente pesado en la emisora, por la noches la pasaba de lo más bien fiestando con mis amigos. En una ocasión, pasaba frente a un señor sentado enfrente del hotel mientras lo atendía un limpiabotas. Me reconoció de inmediato y me invitó a cantar en la casa de su amigo, un personaje ilustre en La Vega.

—¡Anímate, Daniel! ¡Te recogemos en el hotel de camino a la fiesta!

A los pocos días me recogió con una caravana de carros llenos de mujeres y borrachos y se dirigieron a la casa del célebre señor Sonsón. Luego de un rato en el carro, llegamos a un área campestre y pasamos unas altísimas filas de matas de plátano a lo largo de un camino que llegaba a una hacienda. Después de las presentaciones, varios meseros sirvieron una ronda de traguitos en copas de cristal a los invitados, pero nadie se atrevió a empezar a beber hasta que el anfitrión, vestido de lino fino, tocó una campanita y empezó su animado discurso.

—Amigos y amigas, soy Sonsón, el hombre que más sabe en Trujillo. Soy poeta, mago, piloto, abogado, arquitecto y también toco la clave. ¡Ja, ja, ja! Y hoy aquí en mi hacienda tengo la dicha de presentarles al mejor cantante del mundo. Con ustedes… ¡Daniel Santos! ¡Abran paso!

En ese momento yo, impresionado, pensé, «¡Ah, caray! ¡La importancia del caballero!». Después de varias horas de tragos y baile, empezaron las mujeres y hombres a quitarse la ropa y a nadar desnudos en la piscina. El señor Sonsón se puso un turbante blanco mientras observaba la fiesta como un gran maharajá de su propio reino hedonista. Yo mismo encontré una damita dispuesta a pasarla bien y aproveché un rinconcito bien privado. Aquella fiesta duro tres días.

Viví unos meses con una puertorriqueña llamada Betty y aceptó que se nos uniera una dominicanita muy linda y agradable. Durante nuestros meses de convivencia bailábamos y comíamos juntos en la misma mesa. Hasta dormíamos en la misma cama, pero Betty empezó a llenarse de celos y a intimidar a la dominicana. Un día, pasada de copas, Betty se le lanzó con un cuchillo y no tuve remedio más que pararla con un puño que me costó un pedazo de hueso del dedo meñique. Ella luego mandó a enchapar el pedazo de hueso en oro y lo llevaba en su cadena como si fuera un premio. La dominicana se marchó y la relación inusual llegó a su fin.

Cuando salí de Ciudad Trujillo, compuse "Despierta Dominicano" para ese pueblo tan noble que tanto sufrió bajo el mandato de los Trujillo, aquella familia cruel. Muchos aparecieron muertos nada más por sus malvados caprichos.

Muchos años después cuando cayó la dictadura, el Petán estuvo asilado en Puerto Rico. Me lo encontré una vez en el Hotel Condado. Mandó a un mozo a invitarme a su mesa. ¡Ahí mismito le mandé a mentar a su madre tres veces!

Junto a la Sonora Matancera

Daniel Santos y Los Jóvenes del Cayo

*Augusto Cohen, Moncho Usera, Bobby Capó,
Miguel Ángel Clemente, Daniel Santos*

Cuba, mi segunda patria

«Yo vengo soltando chispas...»
Tema: Soltando chispas, 1948
Compositor: René Márquez Rojo
Agrupación: Sonora Boricua

A finales del 1946 Bobby Capó me conectó con el millonario Amado Trinidad, quien me propuso trabajar en Cuba para su emisora, La Cadena Azul. El señor Trinidad era un caballero en todo el sentido de la palabra, un hombre correcto y generoso, aunque de música no sabía un divino.

En Cuba ya tenían popularidad los éxitos que interpreté con El Cuarteto Flores, especialmente las guarachas "Borracho no vale" y "Yo no sé nada". Al llegar a La Habana presentí grandes cambios, así como los sentí cuando de niño salí de Puerto Rico para Nueva York por primera vez.

La Habana, para esa época, era la capital de las élites y zona singular para los placeres de la vida. La ciudad auspiciaba noctámbulos de todas partes del mundo; abundaban los casinos, teatros, barras y prostíbulos, todos coronados por una explosión de anuncios. Casas y negocios coincidían en filas continuas de fachadas coloridas sumergidas bajo el aroma de tabaco y ron.

Tras cada puerta abierta, se escuchaba música de todo tipo de género e idiomas diferentes. ¡Aquello era todo un desfile de cultura! En los casinos-cabarés, como Tropicana, servían champaña y güisqui hasta el amanecer a los elegantes invitados y a extranjeros famosos, incluyendo a Ernest Hemingway y Frank Sinatra. El mismo Hemingway vivió muchos años en Cuba, en una preciosa propiedad llamada Finca Vigía.

En Cuba vi las mujeres más lindas que había visto, las bailarinas del Tropicana. ¡Dios mío, qué cuerpos! Por ellas más de uno se volvió loco de amor. Frecuentaba el bar-casino situado en Marianao con mis nuevos amigos, algunos empleados de Cadena Azul y otros gente importante de Cuba. La primera noche que fui a Tropicana quedé hipnotizado por el estilo carnaval del espectáculo. Las bailarinas protagonizaban el show moviendo sus amplias caderas al paso del chachachá. Aquello era un paraíso de ritmo y diosas semidesnudas. ¡Había que ver los trajes que lucían! Coronas de plumas coloridas, tacones bien altos y unas capas enormes. Hipnotizado pensé, «Con mujeres así cualquiera se queda en Cuba!»

Al día siguiente le dije al señor Amado Trinidad:

—Viejo, yo me voy a quedar aquí en Cuba. Esto está muy bueno.

—Bueno, Daniel, Piénsalo bien, no seas loco. Mejor aprovecha a Nueva York también.

Le seguí el consejo y así estuve yendo y viniendo de Cuba durante quince años. Con el tiempo, a Dios gracias, mi popularidad en Cuba fue aumentando y empecé a cobrar más dinero por cada presentación. Alquilé un apartamento en El Vedado y compré un Buick del año, color azul. En las noches disfrutaba los bares del área con amigos, todos vestidos de guayaberas de la sastrería El Sol. Tuve la buena dicha de que muchos amigos cubanos me entregaron sus composiciones durante esa época, cosa que ayudó mucho mi carrera.

En La Cadena Azul del señor Trinidad debuté el 19 de agosto, acompañado de la orquesta de la emisora, en un programa llamado Bodas de Partagás. Por cierto, la misma orquesta acompañaba a otros artistas cubanos que también se presentaban en la emisora, como Olga Guillot, Panchito Riset, Toña la Negra y mi amiga Toty Lavernia. Nos reuníamos antes de cantar a hablar de temas y noticias que inspiraron mis composiciones en los primeros meses que viví en Cuba.

La emisora ayudó a popularizar mi música en otros países sudamericanos, incluyendo Panamá y Venezuela. Visité estos dos países por primera vez, culminando mi primera gira artística internacional en 1947.

En mi primer viaje a Panamá me presenté en el Parque Lefevre y en los carnavales del país y tuve el honor de coronar a la nueva reina de belleza. Probé también un traguito indígena de San Blas. Me lo había tomado en el lobby de mi hotel y cuando subí al cuarto sentí que la garganta me ardía a to' jender. Fue tan bárbaro el ardor que tuve que salir rápido a buscar una cerveza fría. Casi me quedó mudo esa noche sin poder cantar. Además, me convertí en noticia titular cuando las mucamas alertaron a los periodistas que mi representante se había llevado mi maleta por equivocación al regresar a Cuba, obligándome a comprar un montón de ropa y zapatos. Un par de años después regresaría a Panamá para cantar en el Toldo Tíbiri-Tábara y de ahí salió mi guaracha popular "En el Tíbiri-Tábara".

De noche Caracas era pura candela y de día volvía a su normalidad, aunque en esa época Venezuela pasaba por una crisis política al borde de convertirse en una dictadura militar. Por eso me sentí unido al pueblo venezolano, ya que en mi isla también había inestabilidad social por problemas políticos. No era que yo no creyera en la capacidad de los líderes militares. La verdad era que no creía que los líderes, fueran militares o civiles, pondrían al interés del pueblo por delante de sus ambiciones personales. Visité Venezuela decenas de veces más durante mi vida e inspirado por su belleza compuse "Noches caraqueñas" en uno de mis viajes.

Durante esa primera gira visité La casa de La Gata, un burdel popular en Catia en la zona de Vieja Caracas. La dueña se llamaba Delfina, y era una mujer sencilla; una madre soltera que solo trataba de sobrevivir en una economía difícil y pagarle la universidad a su hijo.

Subí unas escaleras larguísimas a un segundo piso. El pasillo era oscuro y sólo lo iluminaba unas bombillas azules fluorescentes. Desde ahí se oía la música y la gente hablando, riendo y cantando. No era un antro de drogas, ni mucho menos; y sus clientes eran más bien hombres de negocios.

—¡Ay, don Daniel! Es todo un honor tenerlo aquí! ¿Qué le puedo ofrecer? ¡Siéntese por favor! —Delfina exclamó. Mientras ella hablaba nerviosamente, yo observaba su cara. Tenía tez trigueña un poco maltratada por los años, cabello rubio oscuro y ojos verdes rasgados. Su boca y nariz eran las más pequeñas que jamás había visto. Comprendí, por su aspecto felino, por qué le apodaron La Gata.

Esa noche me presentó a la Gallinita, la servidora más bonita de la casa. Yo la apodé Gallinita porque siempre tenía frío y cuando temblaba sacudía los brazos, como una gallinita zarandeando sus alas. Me la reservaban cada vez que volvía al burdel porque nos llevábamos de lo más bien.

Delfina siguió siendo mi buena amiga por muchos años. Una vez que me enfermé en Caracas, ella misma fue a mi habitación de hotel a cuidarme varios días. Me atraía la gente como ella porque me recordaban a mi propia familia, que siempre fueron gente humilde de carácter. Yo veía el valor de las personas por lo que llevaban adentro y por eso tenía amigos de toda clase, desde personas de bajo recursos hasta poderosos. Nunca olvidé que provenía de una familia pobre ni dejé que la fama y el dinero se me subieran a la cabeza.

Al regresar a Cuba de la gira por Panamá y Venezuela, Rosa me informó que iba a emprender una demanda de divorcio porque ya se había dado cuenta de mis malos pasos, pero yo le pedí una segunda oportunidad y nos reconciliamos. Me visitó en Cuba con Joe y supe que él, influenciado por su crianza entre nuestros amigos artistas, mostraba un don para el teatro.

Ese año Andrés Tallada, gran pianista puertorriqueño, compuso una canción titulada "Anacobero", una oda a la guaracha, y me explicó que la palabra "anacobero" derivaba del ñáñigo y que significa diablillo. Estaba programado para cantarla en directo en el programa de radio Bodas de Partagás.

Estaba en el camerino esperando mi turno para cantar cuando me encontré un traje de chuchero, o pachuco como le dicen en México. Era de los mismos que usaba Tin Tan, el gran actor y comediante mexicano a quien yo tanto admiraba y que años después sería mi amigo. Me vestí con el atuendo pensando que al público le divertiría verme bailar y cantar con el disfraz. Al salir al escenario, el animador Luis Villarder Adán causó confusión al anunciar, en este orden: «¡Con ustedes, El Anacobero, ¡Daniel Santos!» Así fue como me bautizaron con el apodo del título de la canción, por puro accidente. La gente empezó a llamarme Anacobero y luego El Inquieto Anacobero donde quiera que iba, cosa que me causaba gracia. Acepté el apodo de diablillo porque me lo dieron de cariño.

Cuba tenía el orgullo de ser uno de los líderes mundiales en la radio por la gran cantidad de emisoras que tenían durante esa época. La radio era muy popular por la transmisión de programas musicales que entretenían a la gente dondequiera que estuvieran: en sus casas, sus carros o en las cantinas. Tuve la buena dicha de ser uno de los primeros artistas que sacaron provecho de la novedad de la radio.

Aparte de ser el eje musical en esos tiempos, la energía en La Habana era eléctrica y por dondequiera habían discusiones intelectuales sobre la corrupción, la política, la democracia, y la libertad. La propagación de noticias mundiales incrementó por los nuevos medios de radio y televisión y a su vez estos medios se hacían más populares. Haber estado en Cuba durante ese tiempo invocó en mí un interés profundo en las condiciones sociopolíticas y culturales de mis hermanos latinoamericanos.

Empecé a informarme más sobre los pasos de don Pedro Albizu Campos y su lucha por la independencia de Puerto Rico por la situación que estaba pasando mi isla. En 1948 se aprobó esa aberrante legislatura, la Ley de la Mordaza, la cual prohibió cualquier expresión, verbal o escrita, a favor de la independencia de Puerto Rico, incluyendo la exhibición de la bandera puertorriqueña. El fin de la ley era reprimir el movimiento independentista dirigido por Albizu, que inició una revolución en protesta a las represalias extremas de los yanquis.

Bobby Capó me hizo de nuevo el favor de conectarme con buenos empresarios en Cuba y me recomendó trabajar para la Radio Cadena Suaritos porque la estación era grande y pagaba mejor. No hacía programas en vivo, pero sí tenía un magnífico sistema de grabaciones que luego transmitía al público por la radio. El dueño era el señor Laureano Suárez, un hombre de negocios audaz, que hablaba como gallego y pagaba mejor que nadie para atraer a los mejores artistas. Además, contaba con Obdulio Morales, un excelente director musical. Allí alterné con otros artistas como Toña la Negra y Avelina Landín. Me pagaba seiscientos pesos al mes, mejor que nadie en la isla, por mi popularidad. Durante nuestra entrevista, me advirtió:

—Este contrato contiene una cláusula de exclusividad. No te descuides, por favor, Daniel.

Sucedía que cuanto producto Suaritos anunciaba, todos los artistas debíamos promoverlo usándolo en público. Así que yo fumaba mi marca preferida de cigarrillos en privado con mucha discreción.

Aunque tuve la suerte de tener mucho éxito artístico en Cuba, también tuve muchos líos por celos, dinero y mujeres. Le seguí siendo infiel a Rosa, aun cuando le había prometido dejar mis andanzas. No podía resistir a una mujer bonita y vivía mi vida como un ciclón entre barras, escenarios y fiestas con gente talentosa e importante de Cuba. Aunque seguíamos casados, éramos marido y mujer solo en papel; con el pasar de los meses, Rosa y yo nos distanciamos nuevamente y yo quería ser libre. Pensé que lo mejor era que nos divorciáramos, como Rosa había propuesto unos meses atrás, así que la llamé.

—Rosa, lo mejor que podemos hacer por nuestro bien es divorciarnos. No tengo tiempo de dedicarme a ustedes como se merecen y yo quiero que sean felices —intenté explicarle diplomáticamente.

—Voy a pensarlo, Daniel. Hoy me dices una cosa y mañana estas arrepentido —me contestó en un tono punzante.

Me resultaba incómodo hablarle a Rosa del divorcio porque yo quería evitar confrontaciones con ella. Dejé las cosas así para darle un tiempo a que se tranquilizara y luego aceptara firmar el divorcio.

Tuve múltiples amoríos con mujeres hermosas, algunas famosas como la vedette Lisa Araujo, a quien había conocido en La Cadena Azul. Aproveché la fama para conquistar a muchas mujeres, aunque a veces pensaba que eran ellas las que se aprovechaban de mí porque solo querían la oportunidad de tomarse fotos conmigo y darle envidia a sus amigas. También pasé muchos malos ratos por hombres celosos con las atenciones que sus mujeres me prestaban. Cuando estaba solo, me escapaba de los problemas con uno que otro pito de marihuana y también empecé a usar cocaína, recomendada por unos amigos para mantenerme en pie entre tanto trasnocho.

En una ocasión la policía de La Habana me detuvo un par de horas por tener un cigarrillo de hierba en los bolsillos. Los periódicos faranduleros no solo anunciaban mis desgracias, sino que también exageraban los hechos para vender más periódicos:

EL INQUIETO ANACOBERO DE NUEVO ENTRE BRONCAS Y TRAGOS
DANIEL SANTOS CON UNA NUEVA MUJER EN CADA BARRA
DANIEL SANTOS LE DEBE 500 PESOS A SU VECINA

Los diversos titulares contaban historias a medias, a través de testigos que querían su minuto de fama. Yo no fui ningún ángel, pero las broncas a veces comenzaban por defenderme de borrachos impertinentes. Y aunque fui mujeriego, me fotografiaban enseguida con cualquier mujer que me veían, fuera amante o amiga, para luego vender las fotos. Me sentía sofocado por los periodistas.

Había caído en una trampa de la vida. Aunque tenía mucho éxito artístico, a veces no tenía un solo peso a mi nombre porque botaba el dinero. Hubieron ocasiones que no tenía ni con que pagar el hotel donde me estaba hospedando. Una vez hasta tuve que robarme los enlatados de la despensa por un hueco que hice en el piso de mi habitación para poder comer. Tuve suerte que el dueño era bueno conmigo y no me botó a la calle. También me encontraba agotado de dividir tanto mi tiempo. La gente me reconocía dondequiera que iba y aunque yo siempre quise mucho a mi público, una que otra vez tuve que escabullirme de borrachos fastidiosos.

La fama me trajo problemas de celos de algunos compañeros artistas y engaños de gente aprovechada. Me llegaban los chismes de que algunos compañeros andaban criticando mi manera de cantar y decían que no tenía educación formal en la música ni disciplina alguna. Además, gente aprovechada denunciaba falsamente que les debía dinero o que me habían visto en enredos inventados. También conocí a muchos que creí eran mis amigos, pero solo lo fueron en buenos momentos y me dieron la espalda cuando yo los necesitaba.

Una noche larga de copas después de esos meses difíciles en Cuba, sintiéndome apresado en un abismo, me llené de malos pensamientos y me fui solo a la playa con una botella de ron. No sé cómo diablos llegué a la orilla del mar, pero el licor agudizó mi desdicha, impulsándome a intentar algo que jamás había hecho. Pensé por un momento, «¿Y si termino todo aquí?». Me dirigí borracho hacia el mar, acobijado por la oscuridad, pensando que acabaría mi vida y dejaría atrás todo lo malo que acompaña la fama. Ya cuando el agua me llegó al pecho pensé en mi familia, las personas que me querían incondicionalmente y todos los buenos momentos que también había vivido. Salí de allí rápidamente decidido a enfrentar la vida con o sin problemas.

Al día siguiente, me sinceré con un buen amigo.

—Chico, estoy agobia'o con tanto problema. No sé qué hacer.

—Cógelo con calma, Daniel. Oye, te recomiendo un babalao en Haití, experto en Changó, que ha ayudado a mucho artista, así como tú. Es muy efectivo.

—Déjate de sinvergüenzuras, chico. Yo no creo ni en la luz eléctrica.

Sin embargo, en privado sentí curiosidad por esos poderes desconocidos. A pesar de ser hijo de un pastor pentecostal, me atrajo el misterio de esa religión oculta. Lo tomé como una nueva aventura y le pedí a mi amigo que me contara más. Me explicó que Changó es el dios más poderoso en la santería, al que los esclavos y la gente africana, desde cientos de años atrás cuando llegaron a Cuba, le pedían salud y prosperidad. Desde esos tiempos, la santería tuvo fieles seguidores por todo el país.

Al llegar a Haití fui directo del aeropuerto a mi ritual. Era una casa muy humilde construida en bloques de cemento que permanecían sin pintar. Después de cruzar un largo y estrecho pasillo, llegué a un cuarto pequeño. El babalao me dirigió hacia una hamaca blanca colgada en una esquina. Observé una mesa decorada con varios cocos y pimientos, granos de maíz, varias botellas de aceite y unas monedas de cobre. Ya acostado en la hamaca, el babalao inició su ritual. Abrió el coco y sacó el agua. Luego tomó mi petición escrita, la metió dentro del coco y lo cerró con hilo negro y blanco. Mi petición fue salir siempre librado de mis problemas. El babalao luego desamarró el coco y me dijo:

—Tu día de nacimiento te marcó para una vida llena de tormentas y triunfos. Aunque tendrás muchos problemas, siempre se resolverá todo a tu favor.

Me tomó por sorpresa que dijera eso porque no había leído mi petición escrita antes de que la metiera dentro del coco. Luego me dio instrucciones para que me remojara en una bañera llena con agua de coco verde en la otra esquina del cuarto. Mientras caminaba hacia la tina, el babalao prendió dos velas blancas y me aconsejó:

—Para atraer buena energía, viste siempre de blanco y usa agua florida todos los días. La ropa de color rosa y lila también te protegerán. Mantente devoto a Santa Bárbara prendiéndole velas todos los viernes.

En Cuba, años más tarde, grabé unos numeritos inspirado por la experiencia, entre ellos "Virgen de Regla", "A mi Santa Bárbara bendita" y "Alabanza a Changó". Desde ese día, mientras viví en Cuba seguí las instrucciones del babalao con poca excepción. Compré mis trajes blancos, usé el agua florida y obtuve una estatuilla de Santa Bárbara que mantenía en un altarcito. Al pasar de los años, también empecé a usar trajes de color rosa y lila durante mis giras artísticas.

Daniel Santos, Eugenita Pérez y Danielito

Amor en los tiempos del caos

«Pero qué bronca, pero qué bronca...»
Tema: Pero qué bronca, 1949
Compositor: Daniel Santos
Agrupación: El Conjunto Casino

Escuché a La Sonora Matancera por primera vez ese mismo año en 1947 mientras ensayaban trepados en un escenario altísimo en la Academia de Baile Marte y Belona. Llegué allí por ofrecimiento de Manolo Fernández, el director de Radio Progreso. Me invitó a que escuchara al grupo para que decidiera si quería participar junto a ellos en un programa de radio, llamado Alegrías de Hatuey en honor a la cervecera que lo patrocinaba.

En ese tiempo, Valentín Cané era el director del grupo y además tocaba la tumbadora. Era un hombre serio, dedicado en cuerpo y alma a la Sonora.

—¿Cómo estás, Daniel? Ahí están los muchachos. En un momentico te los presento.

Al terminar el ensayo, el grupo se acercó a nosotros. Uno a uno, don Valentín me presentó a los músicos.

—Ven, Daniel, te presento a Bienvenido Granda, el cantante; Caíto, quien toca las maracas y canta coro; Lino, el pianista; Bubú toca el contrabajo; Manteca toca el timbal y bongó; y Rogelio, guitarrista.

—Es un placer conocerlos a todos, caballeros.

El director se acomodó en la silla junto a mí y con expresión solemne me dijo en voz baja:

—Mira, Daniel. No te voy a negar que me preocupan los líos tuyos que anuncian por ahí en los periódicos. Serás parte de nuestro programa y dependeremos de tu profesionalismo.

—Despreocúpese, don Valentín yo estoy aquí para dar lo mejor de mí —respondí afirmativamente.

El año siguiente Rogelio Martínez, el guitarrista, empezó a dirijir a La Sonora Matancera. Don Rogelio, le empezamos a llamar todos en la agrupación, pero varios años después, al independizarme del grupo, no se opuso a que lo llamara simplemente Rogelio.

El sonido distinto del grupo me convenció a firmar el contrato con Manolo Fernández y Radio Progreso. Además, los integrantes estaban firmemente comprometidos con lograr el éxito. La disciplina que me exigió el grupo me ayudó a enfocarme en el trabajo.

Cantábamos en Radio Progreso de siete a ocho de la noche. Luego otra emisora, la CMQ, nos añadió a su programación de nueve a diez de la noche. No había victrola que no tocara nuestras canciones. ¡Aquello era un tremendo corre y corre entre las dos emisoras!

Mis días pasaban entre grabaciones, programas transmitidos en vivo desde la emisora y presentaciones de baile en las noches. Llegué a respetar y a admirar el carácter de Rogelio, ya que la agrupación tuvo mucho éxito gracias a su disciplina. Él me recordaba mucho a Don Pedro Flores por su forma de ser, un hombre de pocas palabras, muy discreto. Junto a La Sonora creamos una nueva combinación musical en Cuba y los programas diarios iban viento en popa.

El contrato con Radio Progreso fue importante en mi vida, no solo por el encuentro con La Sonora. Allí también conocí a Eugenia Pérez quien se convertiría en mi tercera esposa y la madre de mi primogénito. Ella había ido una noche al teatro de la emisora a oírme cantar en vivo. Estaba acompañada de su prima, quien era novia de un militar de alto rango. Cuando la vi, pensé que era la cubana más preciosa que había visto en la isla y supe que la haría mi mujer a como diera lugar. Era una mujer de figura delicada, ojos verdes grandes y penetrantes, piel como porcelana, de cabello largo y rubio. Su prima la llevó a mi camerino al terminar el programa musical. Caminaban hacia mí y yo, enfocado en la belleza de Eugenia, pensé, «¡Pero qué muñequita!». Cuando ella se acercó a estrechar mi mano para saludarme, enseguida me envolvió su fragancia de rosas rojas. Invité a Eugenia y a su prima al bar para seguir conociéndonos.

—¿Qué quieren tomar, señoritas?

Pidieron dos Dubonnets y yo un güisquisito, como de costumbre. Se nos unieron unos amigos músicos en el camerino y seguimos hablando el resto de la noche. Al despedirnos le dije:

—Yo quiero que tú seas mi novia. ¿Qué es lo que tengo que hacer para que aceptes? ¿Subir al cielo y bajarte una estrella? "Ja,ja,ja". Lo que sea, yo lo hago por ti, linda.

Con una sonrisa amplia y ojos brillantes me dijo:

—Bueno, Daniel. Eso tendríamos que hablarlo con mi familia.

Al día siguiente fuimos a conocer a la familia de Eugenita en la casa de sus abuelos maternos Enrique y Eugenia. Ellos venían de España y a Eugenita le habían puesto el nombre de su abuela. Era una casa blanca colonial de dos pisos, de esas típicas que se veían en la Habana. Tenía un porche amplio y dos palmeras a los lados. Allí nos reunimos esa noche, además, con doña Mariana, la madre de Eugenia, y su esposo don Manuel.

Después de la cena, don Manuel, padrastro de Eugenita, me pidió que lo acompañara al patio de la casa a fumarnos unos Habanos.

—Oye, Daniel. Ha sido un placer conocerte, de verdad. Pero ahora, hablemos tú y yo de hombre a hombre. Tú aún estás casado y no te niego que lo veo mal. Eugenita nos dijo que estás separado, pero tenemos que pensar en su reputación.

—No diga más don Manuel. Yo comprendo y créame, que mis intenciones con Eugenita son de las mejores. Palabra de honor.

Le aseguré que pronto saldrían mis papeles de divorcio. Creo que su familia aceptó el noviazgo al ver lo enamorados que estábamos, pero su madre, Doña Mariana siempre mantuvo su desconfianza. Aun así me dediqué en cuerpo y alma al noviazgo.

Esa noche invité a Eugenita a que me acompañara al Palacio Presidencial el día siguiente donde me iba a presentar con la Sonora Matancera, por invitación del presidente Prío Socarrás. A la hora de la velada, salí de mi hotel vestido con un smoking blanco y corbata negra. Partí hacia su casa en mi Buick azul. Su prima nos acompañó porque era la condición que habían puesto sus padres. Eugenita lucía más bella que nunca en un traje blanco de seda que acentuaba sus hombros delicados y cintura esbelta. Su pelo lucía al estilo de la famosa Rita Hayworth, suelto y ondulado, y había pintado sus labios de color rojo. Me sentí orgulloso de poder presentarla como mi novia a mis amigos.

Al llegar al palacio, entramos al enorme vestíbulo construido en mármol, rodeado de grandes columnas y galardonado por un formidable candelabro de cristal de Baccarat. El mismo presidente participó en la hora de cócteles y recibió a los invitados de la noche. Ahí pude saludarlo brevemente y le presenté a Eugenita.

—¡Daniel! ¿Cómo estás? ¿Preparado para la función? ¿Y la bella dama? —preguntó Prío.

—Es mi novia, Eugenia Pérez. Tengo el gusto de presentársela, señor Presidente.

—Mucho gusto. Es un honor—replicó Eugenita con respeto.

Pasamos al salón de baile a sentarnos en nuestra mesa cerca a la tarima. Al poco rato se nos unió la prima de Eugenita y su novio. Hablamos, bebimos y bailamos hasta la hora de mi presentación. La noche fue una de las mejores que pasé en mi vida. ¡Eugenita y su prima eran tremendas bailarinas!

—¡Ustedes son un fenómeno! —exclamé realmente impresionado con ellas.

Durante el resto de nuestro cortejo, Eugenita y yo disfrutamos mucho de los coloridos casinos y salones de baile en Marianao. Los sábados siempre íbamos a la playa en Varadero. Su familia le había soltado la rienda un poco al ver mi constancia con ella. Estábamos en la cima de nuestro cortejo cuando de repente, Rosa regresó a La Habana. Me citó para que la visitara en la noche en el hotel donde se hospedaba cerca al mar, para hablar de nuestra separación y divorcio. Cuando llegué, un par de reporteros ya le estaban tomando fotos para venderlas a una de esas revistas amarillistas. Tomé asiento junto a ella.

—Me he enterado que te mantienes muy ocupado trabajando y con mujeres —exclamó Rosa, acentuando la última palabra con tono sarcástico.

—Bueno, Rosa, yo tengo derecho a rehacer mi vida.

Di la vuelta y me marché sin más explicaciones para evitar una confrontación al frente de los periodistas. No esperé a que me dijera si estaba de acuerdo o no con firmar el divorcio porque sospeché que me iba a dar cantaleta, algo que yo no nunca soporté. Ella, decidida a no perder el viaje que había hecho para hablar conmigo, me siguió. Empecé a caminar rápidamente hacia la playa para evadirla mientras miraba hacia atrás para ver si había logrado que me perdiera la pista. Casi logré escaparme del todo cuando de repente, sin darme cuenta, caí en una letrina destapada.

—¡Puñeta! ¡Coño 'e su madre! —exclamé, incrédulo y furioso ante la situación. ¡Estaba embarrado de mierda hasta las rodillas! Rosa, que venía corriendo detrás mío, me alcanzó y enseguida se reventó de la risa.

—No te preocupes, Daniel. Los periodistas no nos siguieron. Esto queda entre tú y yo. ¡Pero me debes una!

Dio la vuelta y se marchó y no volví a verla durante muchos años.

Al día siguiente, preocupado, compré los periódicos para ver las noticias y asegurarme que los periodistas no nos habían seguido hasta la playa ni me habían visto abochornado en la letrina. Aliviado, vi que habían publicado solo nuestra foto, sentados en una mesa en el lobby del hotel, con el titular, «Llegó la esposa de Daniel Santos a Cuba». Acto seguido llamé a un abogado cubano que me ayudó a concluir mi divorcio.

Continué mi vida, pero la cosa ardía políticamente en Cuba. Especialmente en La Habana, había mucha protesta pública ante la inestabilidad a causa de riñas entre grupos activistas que protestaban en contra de la corrupción política. Había recién comenzado el gobierno de Carlos Prío Socarrás.

A pesar de los conflictos con periodistas embusteros y de la inestabilidad en La Habana estaba satisfecho con el éxito de mi carrera y el amor de Eugenita. Nos casamos por la iglesia, la primera y única vez que me casé como Dios manda, y decidimos irnos a un lado más tranquilo de la isla por nuestra seguridad.

En 1949 organicé la Sonora Boricua y junto a ellos, a través del tiempo, grabamos alrededor de treinta éxitos, incluyendo "El bobo de la yuca", y "Canción de la serranía". También grabamos unas cuantas composiciones mías, como "Bello mar" y "Mi palabra de honor". Fue un gran orgullo para mí crear mi propia agrupación y sobre todo una del calibre de la Sonora Boricua. Me dediqué a ellos y dejé el programa de Radio Progreso.

Viajamos por muchas islas del Caribe: Curaçao, Aruba, la República Dominicana. Aparte de dirigir la Sonora Boricua, también trabajé con Los Jóvenes del Cayo, junto a Celio González. Para ese tiempo grabamos varias canciones, incluyendo "Así es la humanidad", "Le dijo el gato al ratón", y "El peinado de María".

Yo vivía a paso ligero por los contratos y las fiestas. Para poder seguir el trasnocho y el ajetreo, me metía unas liniecitas de coca de vez en cuando, en privado, sin que se diera cuenta Eugenita. Eso era de lo más normal en esa época tan permisiva. Tal vez a consecuencia de la inquietud política, la gente prefería distraerse y disfrutarse la vida al momento.

Una noche, borracho después de tremendo fiestón, me dirigí caminando hacia mi casa. Estaba agotado, pero para llegar a descansar, tenía que atravesar un parque. No sé cómo diablos pasó, pero desperté la mañana siguiente acostado en un banco del mismísimo parque con varias cámaras enfrente mío. Mientras un flash me cegaba, se acercaron más los periodistas; sonaban como una bandada de pájaros aleteando, evitando mi escape. Al día siguiente, los periódicos titularon: «Anacobero incorregible, borracho duerme en parques». Eugenita y yo nos reímos mientras leíamos el artículo. Por lo menos en esa historia los periodistas sí dijeron la purita verdad. ¿Pero qué podía hacer si estaba cansado de andar como un torbellino de aquí pa' allá?

En varias ocasiones se me olvidó el lugar donde tenía que presentarme a cantar y tenían que enviar a algún representante a buscarme. Uno que otro promotor me amenazó con reportarme a la Asociación de Artistas por incumplimiento de contrato.

Muchas veces, ya pasado de traguitos, prometía pagar la cuenta de todos mis amigos en el bar porque, eso sí, siempre fui generoso en la parranda. Luego, ya pasada la borrachera, me asombraban las tremendas cuentas que me enviaban a cobrar. Yo creo que los dueños de los negocios aprovechaban y le aumentaban a lo que debía por tratarse de los bolsillos de Daniel Santos. En fin, aquello era un desorden de acusaciones: algunas ciertas, algunas medio ciertas y otras falsas. Una vez, hasta enviaron a la policía a mi casa acusándome de golpear a dos amigas mías en una borrachera en un bar de Marianao. Lo negué rotundamente, de acuerdo a mi memoria.

A mediados del 1948, Eugenita y yo esperábamos la llegada de nuestro hijo. Estaba tan ilusionado con mi nueva familia que mi amigo, Antonio Fernández, conocido como Ñico Saquito, me escribió una canción que yo alegremente cantaba, "Cuando venga Danielito"…

Cuando venga Danielito,

Qué de cosas voy a hacer,

En Cuba otro Daniel Santos,

todo será para él.

Voy a dejar los traguitos,

Ya lo saben mis amigos,

Cuando venga Danielito…

Eugenita y yo tuvimos muchos amigos, incluyendo a Pablo Cairo, Isolina Carrillo, Myrta Silva, Obdulio Morales y Benny Moré, uno de los cantantes que más admiré en mi vida. A su casa fuimos un día con Danielito. Nos invitó a un ajiaco y de ahí nació la idea para la canción "El Ajiaco" que compuso Mariano Sánchez Díaz.

Viajábamos a Nueva York y Puerto Rico con frecuencia a visitar a mi familia. Mis padres vivieron con nosotros un tiempo, aunque corto, ya que Mamá y Papá desaprobaban mi vida bohemia, el licor y el jolgorio. Eugenita fue muy paciente conmigo cuando yo la dejaba sola en casa mucho tiempo con el niño, así que le conseguí un perrito. A pesar de mis ausencias, al principio le fui fiel y pasamos los primeros dos años de matrimonio muy felices y llenos de esperanza por nuestro hijo.

La fama también me trajo otro tipo de problemas aparte de los de la mala prensa. Una noche en casa recibimos una alarmante llamada. Con expresión de terror en su rostro, Eugenita me entregó el auricular sin decir una sola palabra y corrió hacia la habitación del niño.

—¿Quién es? ¿Qué diablos sucede? —pregunté sorprendido por la reacción de Eugenita.

—Daniel Santos, escuche bien las instrucciones. Lleve quinientos pesos en una bolsa negra y déjelos debajo del letrero del Tropicana a las cuatro de la mañana. De lo contrario, su hijo Danielito va a correr peligro.

Decidimos que era mejor que las autoridades manejaran el asunto y llevé la denuncia a la Tercera Estación.

—Señor Daniel, ¿tiene usted sospecha de quién pueda estar detrás de este chantaje? ¿O puede haber alguien que le esté jugando una broma pesada? —me preguntó el detective encargado.

Respondí lo primero que se me vino en mente, que posiblemente Rosa había tramado una venganza contra mí. Nos asignaron un guardia para que nos custodiara por si en verdad corríamos peligro.

Rosa, ofendida al saber de la sospecha, no tardó en obsequiarle entrevista a la revista *Bohemia* rechazando mi declaración: «Daniel Santos, demostrando muy poca caballerosidad, ha tomado mi nombre para hacerse publicidad y beneficiar su actuación dramática, sin importarle nada que perjudique mi reputación...».

Pasé los siguientes meses agobiado por la seguridad de mi hijo, ya que nunca revelaron al verdadero chantajista. Además, me disculpé con Rosa por haber sospechado de ella injustamente.

Esas noches en Cuba fueron una larga cadena de experiencias entre amigos y cabarés. Aunque estaba casado, me seguía siendo difícil mantenerme fiel a una sola mujer. No lo había logrado en mi matrimonio con Rosa y con Eugenita, después de los primeros dos años de matrimonio, tampoco lo logré. Eran muchas las mujeres que se me acercaban durante mis presentaciones por Latinoamérica, diferentes en cada país. A las cubanas las apreciaba por ser luchadoras, simpáticas, seguras de sí mismas y buenas bailarinas; a las venezolanas, por sus rostros bellos y su alegría; a las panameñas, por sus figuritas y energía.

Eugenita y yo empezamos a pelear constantemente porque llegaba a casa mucho más tarde de lo que le prometía. Prácticamente tenía abandonado a mi hijo y a mi mujer matándome yo mismo entre trasnochos y vicios. Me reclamaba cuando, a veces, llegaba oliendo a perfume o con alguna marca de pintalabios que no había notado antes de llegar a casa. Yo siempre le inventaba excusas. Aunque era un sinvergüenza, no quería perder a mi mujer y a mi hijo.

—Eso no es nada más que admiradoras que me dejan marcado, tú sabes, al saludarme.

Aunque aceptaba la excusa, Eugenita no era tonta y respondía:

—Mi familia tenía razón al aconsejarme que no me casara con un artista.

Ella también extrañaba sus amistades, a quienes no veía con la misma frecuencia desde que nos casamos, pero yo era muy tradicional y no me gustaba que saliera sin mí.

—Daniel, ya no aguanto estar tanto tiempo sola y si salgo con mis amigas, tampoco te gusta —se quejó un día.

—La mujer es de su casa. Mira que tienes el niño. Además, ¡las amigas son mala influencia! ¿Qué tienes que buscar en la calle?

—Tú sabes que el niño está bien cuidado, Daniel. Si salgo, Mamá viene a cuidarlo. ¿Por qué tú sí puedes hacer lo que quieres y yo no puedo ni salir a ver a mis amigas?

Ella tenía razón, pero para evitarme disgustos, no salía de casa, por lo menos mientras yo estaba en Cuba. Yo sospechaba que salía con sus amigas cuando yo estaba de gira en otros países, pero nunca le preguntaba para dejar las cosas en paz.

En 1950 debido a su soledad y mi falta de acoplamiento al matrimonio, Eugenita decidió separarse de mí un tiempo. Se llevó a Danielito y regresó a vivir con su familia. Me dolió mucho no ver al niño con frecuencia y pensaba en él todos los días. Sin embargo, en los próximos meses aproveché mi libertad, quedándome tarde en la calle bebiendo y cantando sin que nadie me diera cantaleta.

Pensé en lo mucho que los tiempos habían cambiado, ya que las mujeres andaban más liberadas. Las observaba acompañadas de amigas, caras bien pintadas, bailando y bebiendo en los clubes y jugando en los casinos, cuando eso antes era cosa de hombres. Mi madre jamás hubiera hecho algo semejante. Cuando se me pasó la indignación del abandono de mi mujer, caí en cuenta que no era fácil para Eugenita aguantarme y empecé a extrañarla mucho.

Revista La Bohemia –Cuba, 1946

Encarcelamiento en Cuba

Junto a su Sonora Boricua

Hasta yo mismo me asusto

«Estaba yo el otro día con el genio envenena'o...»
Tema: Tú está enmarañao, 1951
Compositor: Arturo Rivas
Agrupación: Los Jóvenes del Cayo

Mis días eran dedicados a componer y mis noches al canto. Donde me ofrecían trabajo, allí estaba. Me presenté en teatros, fiestas privadas, casinos, hoteles, varias playas y hasta hospitales para alegrar a los enfermos. Vivía como un torbellino.

Mi instinto falló en muchas ocasiones en que promotores deshonestos me engañaron, nos incumplían al no pagarnos o nos pagaban solo parte de lo acordado. También hubo mucha decepción en cuanto a las regalías de mis grabaciones. Por eso vendí los derechos de muchas de mis canciones por adelantado. Aprendí que era muy fácil crear enemigos, que se debe de confiar muy poco en este negocio.

Empezaron a aparecer cantantes que imitaban mi estilo y grababan mis canciones sin pagarme regalías. Me pareció en esa época que me estaban robando el pan de la boca. Uno de esos imitadores, Pepe Merino, se presentó un día en un programa de

La Cadena Azul cantando *Licor Maldito*, un bolero mío que había grabado con Panart.

Estaba en un barcito dándome unos palos con unos amigos cuando lo escuchamos. Uno de ellos me dijo:

—Oye, Daniel… ¡agúzate que te van a reemplazar!

Motivado por el reto y el impulso del licor, pensé que era el colmo que hasta a las emisoras llegaran estos imitadores a presentarse. Me fui a confrontar a Pepe en la CMQ con pistola en mano por si acaso tenía que defenderme.

—Oye, Pepe, ¿por qué no consigues lo tuyo por tu cuenta y no a mis costillas?

Lo confronté con la pistola en la mano derecha. Enseguida intervino la cantante mexicana Avelina Landín y otras personas más, atravesándose entre medio de Pepe y yo.

—Perdóname, Daniel, no fue mi intención ofenderte. Yo soy un gran admirador —dijo Pepe mientras se escudaba detrás del grupo.

Acostumbrado a defenderme a la fuerza, Pepe me desarmó enseguida con su tranquilidad y humildad. Después de ese incidente terminamos siendo amigos. Al pasar de los años, otros imitadores surgieron, como el Colombiano Tito Cortés y mi compatriota Charlie Figueroa, pero para ese tiempo yo lo tomaba como un halago.

Como estaba separado de Eugenita, me fui de gira a Santo Domingo junto a la Sonora Boricua. Los músicos rápidamente buscaron muchachitas para seducir. Yo andaba enredado con una de mis secretarias en esa época y se me ocurrió quedarme un tiempo en la ciudad y montar un programa en Radio Tropical, la emisora de mi buen amigo Joaquín Custal. Yo hacía de disc jockey y tocaba música de la Sonora Boricua.

Durante ese viaje se me acercó un conocido ejecutivo de Radio Tropical en un bar, acompañado de un tipo alto y elegante, y me dijo:

—Daniel, te presento a mi amigo, el sicólogo Dr. Miguel Ángel Sánchez, aquí en Santo Domingo.

—Mucho gusto, Doctor.

Los tres empezamos a hablar de música, política y mujeres. Les conté un poco de mis aspiraciones, mis padres, mi familia y mi trayectoria hasta ahora. Mencioné mis tres matrimonios fallidos y culpé la imposibilidad de tener uno exitoso al hecho de ser un cantante famoso. Esperaba que estuvieran de acuerdo con mi conclusión, pero después de un rato de escucharme en silencio, el sicólogo me dijo:

—Daniel, mi opinión es que eres un individuo en conflicto con el libertinaje del ambiente artístico y los convencionalismos de tus padres. Es común en los seres humanos intentar reproducir el matrimonio de nuestros padres, por más difícil que sea lograrlo. Lo que quiero decir es que, aunque seas un bohemio incorregible, es muy posible que estés buscando en tu mujer la imagen de tu sagrada madre y así replicar el matrimonio de tus padres. Además, saliste de tu casa a los catorce años, una edad muy temprana, por eso te casaste tan jovencito con tu primera esposa, buscando ser parte de un hogar rápidamente para compensar el tiempo que te falto al lado de tus padres. Y el hecho de que tu padre fue tan estricto pudo haber creado en ti esa rebeldía contra las normas de la sociedad.

—¡Qué va, chico! ¡Lo que pasa es que soy un vago y nada más!

Nos reímos todos mientras yo pensaba, «Pero qué arrogancia la de este tipo que cree que en un par de horas ya me conoce». Sin embargo, a través de los años recordé a menudo esa conversación y muchas veces pensé que a lo mejor ese sicólogo tenía razón. Quizás yo esperaba que mis esposas fueran incondicionales conmigo como mi madre lo fue con mi padre, hiciera lo que hiciera.

Mi secretaria era celosa y buscabullas así que terminé la relación sin rodeos. Yo no me aguantaba una mujer así, altiva y escandalosa. Le advertí que nunca regresara a mi casa en Los Potreros de Venturita, pero era una idiota y volvió al poco tiempo. Cogí un bate para asustarla y corrió a denunciarme a la policía, acusándome de amenaza de muerte.

A las pocas semanas hubo un juicio público y se llenó la corte de gente, a pesar de que se cobraba a cincuenta centavos la entrada, que para ese entonces era buen dinero. Las malas lenguas ya andaban diciendo que yo le había caído a batazos. Pero pude demostrar que no la había golpeado y que ella no corrió peligro de muerte en ningún momento. Gracias a Dios, salí absuelto del juicio y mi secretaria se marchó a casa de su familia en Puerto Rico.

Regresé a Cuba al poco tiempo. Seguí realizando presentaciones junto a varios artistas en programas musicales por toda la Habana y en los lugares más prestigiosos de la ciudad, incluyendo el Teatro Martí, el Centro Gallego, y El Astral.

Todo iba de maravilla. Ya había lanzado la grabación de "Dos gardenias", "Bigote 'e gato", y "En el Tíbiri-Tábara". Por cierto, "Bigote 'e gato" era el apodo de Manuel Pérez Rodríguez, un buen amigo alto y flaco que lucía tremendo bigote. También era muy carismático y esto lo hizo popular en la Habana. Siendo fanático de La Sonora Matancera, nos seguía a dondequiera como si fuera nuestra mascota. Otro amigo, el compositor Jesús Guerra, le compuso la guaracha "Bigote 'e gato", en su honor y me pidió que la cantara.

Bigote 'e gato es un gran sujeto,
Que vive allá por el Luyanó

Y tiene el pícaro unos bigotes
Que llena a todos de admiración…

Yo componía inspirado en parte por autores que hablaban de temas de importancia social, tal como el intelectual colombiano José María Vargas Vila. Además, me servían de inspiración los eventos del día. Era un cantante cronista y me gustaba expresar los acontecimientos actuales por medio de mis letras. Por ejemplo, una noche de tantas que pasé en La Habana, se le organizó una fiesta en el bar Vista Alegre al maestro trovador Sindo Garay. Se unieron muchos cantantes y compositores a la fiesta y me invitaron. Por petición de un cliente impertinente del bar, el maestro sacó su guitarra y cantó un numerito, pero con muchísima dificultad por sus ya ochenta años de edad. Yo, siendo un gran admirador, lo observé conmovido por su lealtad al arte y compuse la letra de "El que canta", una de mis mejores composiciones, aunque no grabé la canción hasta unos años después.

Cuantos honores,
cuantos halagos,
después que cantas
una canción.
Cuanta tristeza
cuanta amargura
traerán los años
cuando no pueda cantar una canción…

Para ese tiempo, había tanto alboroto en Cuba que abundaba el material para componer canciones. Cada rato se formaban tertulias espontáneas entre músicos; yo participaba y practicaba mis composiciones de boleros y guarachas. Escribía un numerito por la tarde y con la ayuda de amigos arreglistas, ya en la noche tenía una guarachita arreglada para cantar en el programa radial.

"Patricia" fue una de las canciones que compuse durante esa época, inspirado por el encarcelamiento de Patricia Schmidt, una americana que mató a su esposo porque abusaba de ella. Cuando estuvo encarcelada, yo mismo fui a visitarla y le obsequié mi canción. En otra ocasión, un robo de un banco me inspiró a escribir "¿Te enteraste ya?" el mismísimo día del asalto.

Aún seguía separado de Eugenita y botando mi dinero, viviendo en hoteles y festejando en las noches. Decidí que, en vez de tener mi propio apartamento, era conveniente vivir en los hoteles del área donde me iba a presentar. Además, desde jovencito mi actitud hacia el dinero fue despreocupada por el impacto que tuvo en mí la crisis del '29. Vivía para gozar, desconfiaba de los bancos, ahorraba para metas de corto plazo y trataba de evitar créditos y préstamos.

Una amante que tuve en Cuba me dijo que había tenido un hijo mío, pero andaba ya por ese tiempo con Alfonsín Quintana y le había puesto su apellido. Se llevó al niño después de su bautizo y jamás lo volví a ver. Al pasar de muchos años, me enteré que llegó a ser científico nuclear.

—¡Cógelo suave, Daniel! ¿Es que tú piensas seguir casándote y divorciándote? ¡Eso de la fama no sirve más que para problemas! —me reclamó Papá por teléfono al saber de la separación de Eugenita. Yo, avergonzado por su regaño, aparté el auricular de mi oído.

—Algún día, Papá, se calma un poco la cosa —le aseguré, confiado que así sería. Me propuse quedarme soltero para viajar y trabajar sin preocupación de que la mujer que estuviera conmigo se me aburriera sola en casa. Además, encontraba que las mujeres eran peleonas y celosas. Desde que viví en casa con mis tres hermanas, no tenía paciencia para ellas.

A pesar del éxito en mi carrera, también pasé por días difíciles durante estos años. Estaba entusiasmado por la acogida de mi música y por la oportunidad de presentarme en dos producciones mexicanas del director Juan José Ortega en 1949 y 1950: *El ángel caído* y *Ritmos del Caribe*. Las películas incluían la presencia de Rosita Quintana, Francisco Navarro, Rita Montaner, Rafael Baledón y Amalia Aguilar. Casi dos décadas más tarde, en 1969, volví a participar en una producción mexicana rodada en Puerto Rico llamada *Vírgenes de la nueva ola*.

En *Ritmos del Caribe*, Amalia desempeñó el papel de una bailarina cubana en una relación tormentosa con un doctor mexicano casado. Junto a La Sonora Matancera presentamos varios números musicales, incluyendo "Negra" y "A Romper el Coco".

En *El ángel caído*, aparecí interpretando y bailando "En el Tíbiri-Tábara" con la preciosa argentina Rosita Quintana. Las cámaras trataron de limitar las tomas a mi lado izquierdo, ya que la noche anterior me había jodido el ojo derecho en una pelea con tres tipos de mala clase por chismes falsos.

Llegué al estudio de rodaje ese día, y enseguida me llevaron hacia el director.

—¿Qué te pasó, Anacobero? —preguntó el director alarmado. Sin esperar mi respuesta, ordenó a alguien detrás mío:

—¡Maquillaje! ¡Enseguida para Daniel, por favor!

Sucedió que la noche anterior en el Indian Bar del Hotel Sevilla, un tipo desconocido me lanzó acusaciones de que le falté el respeto a la memoria de María Valero, hablando mal de ella. Aunque yo fui borracho, terco, mujeriego e irresponsable, jamás hice el mal por mal, ni había hablado mal de la querida actriz, quien había fallecido recientemente.

—¡Coño 'e su madre, no he dicho tal cosa, chico!

Se me había pegado el acento cubano y había adoptado sus refranes también. Aunque afirmé ser inocente, el tipo se puso agresivo y me dio un golpe en la cabeza. Me fajé como los buenos, pero al tumbarlo, varios amigos suyos me empujaron hasta la puerta de la cantina y me caí en la cuneta de la calle. Fue doble la mala suerte porque un policía, simpatizante del movimiento creciente de Batista, se me acercó. Como en ese tiempo yo era amigo de Prío Socarrás, me pateó en la cara al darse cuenta de que era yo, dejándome inconsciente unas horas, hasta que desperté y fui caminando derechito a una casa de socorro, donde atendieron mis heridas.

A consecuencia de la bronca, la Asociación de Artistas me exigió presentarme ante ellos para una audiencia. De allí salí advertido de que, si seguía armando escándalos, iban a denunciarme ante el Ministerio de Comunicaciones y pedir mi deportación de Cuba al Departamento de Inmigración.

La Sonora Matancera salió en mi defensa. Al día siguiente de la audiencia, el diario *Prensa Libre* publicó una carta de La Sonora a la Asociación de Artistas: «Nosotros, cubanos de pura cepa, que no consentiríamos en lo más mínimo asaltos a nuestro prestigio cubano, queremos aclarar al público que, a nuestro cantante, Daniel Santos, se le han hecho acusaciones injustas».

Yo mismo apelé ante el público por medio de una transmisión en vivo por Radio Progreso: «Ya que la Asociación Cubana de Artistas no quiere oírme, me dirijo a ustedes, las miles y miles de personas que me escuchan diariamente. Yo quiero a Cuba, amo este país, aquí tengo a mi esposa y a mi hijo, que son cubanos. Sería para mí un dolor inmenso tener que salir de esta tierra… ¿Quién iba a pensar que por unas copas de más iban a querer expulsarme de Cuba?».

La Asociación dejó las cosas así y no prosiguió con su amenaza. Además del apoyo del público, varios patrocinadores de música también empujaron para que la Asociación desistiera de su encrucijada.

Entre 1947 y 1950, grabé canciones con La Sonora Matancera, El Conjunto Casino, y con mi propia agrupación, la Sonora Boricua, la cual me dio mucha satisfacción creativa. Sin embargo, el trabajo de manejar el grupo era duro. Eran músicos estrellas, pero él que no tenía problema hoy tenía problema al otro día. Era un reto mantener compromisos artísticos cuando se perdían los integrantes por problemas personales. Como no tenía paciencia, eso se lo dejé a otro al par de años de fundar el grupo en 1949.

En 1950 Celia Cruz ensayó para unirse a La Sonora Matancera como cantante, ya que Rogelio sospechaba que Myrta Silva no estaría con la agrupación mucho tiempo más por su deseo de dedicarse a ser madre. El esposo de Celia, Pedro Knight, tocaba la trompeta en el grupo. Aunque no todos creían que ella sería buena para remplazar a la gran Myrta, Rogelio insistió en que la voz de Celia era singular. Además, Celia tenía mucho carisma y todo el mundo la quería desde el momento en que la conocían. Enseguida la acogimos y me sentí como su hermano mayor.

Mientras ella practicaba para integrarse al grupo, seguimos grabando música y presentándonos en vivo. Bienvenido Granda abría las presentaciones y yo le seguía. Tengo muchos recuerdos de Rogelio instruyendo al grupo en vivo y durante grabaciones.

—Bienvenido, tú vas a abrir la presentación como de costumbre y Daniel, tú le sigues con dos turnos de tres canciones. Las primeras tres van a ser "El que canta", "Dos Gardenias" y "El ajiaco"; luego sigues con "Borracho no vale", "Y qué, mi socio" y "Bigote 'e gato". Ahí cerramos.

—¡Daniel, no olvides la carcaja'! —me instruyó Rogelio durante la grabación de "Qué cosas tiene la vida". «¡Aaaaa, ja, ja! No puedo aguantar la risa que me da...» era mi sello personal en el coro. Por cierto, admiraba esa composición, ya que era una sátira ingeniosa de otras tres canciones: "En el Tíbiri-Tábara", "Bigote 'e gato", y "Pa' fricasé los pollos".

Todos en el grupo proveníamos de la pobreza así que todos luchamos por triunfar, pero también tuvimos un poco de suerte por la época de vanguardia en la cual vivimos. La radio era una novedad y la música caribeña gozaba de una popularidad tremenda durante ese tiempo. Eran una buena distracción de la inestabilidad social y política que abundaba por todo el mundo. Hasta los yanquis adoptaron la temática caribeña en sus programas musicales de televisión.

Los éxitos con La Sonora Matancera siguieron sin parar. Desde la primera canción que grabamos nos quedamos con el mercado y juntos grabamos docenas de canciones populares. No hubo vellonera que no tocara "Vive como yo", "Qué cosas tiene la vida", y "Dos gardenias".

Un poco después en 1951 sucedió otro problema, esta vez con más grave consecuencia. En una fiesta privada con Los Jóvenes del Cayo y los muchachos de La Sonora Matancera se formó una choricera, pero no supimos cómo empezó. Me cayó un golpe y devolví otro enseguida al atacante, pero su mujer se metió en el medio de los dos y el golpe le cayó a ella, marcándole la cara con una herida de dos centímetros causada por mi sortija.

Celio González intervino y paró la trifulca. Me aparté de la fiesta, harto de líos. Detrás mío salieron los muchachos de La Sonora. Antes de llegar a la puerta del salón, dos tipos desconocidos se me tiraron encima con el fin de vengar a su amigo, el mismo pendejo con quien peleé dentro del salón hacía unos instantes. De inmediato, Bubú, Caíto, Yiyo y hasta el mismo Rogelio se lanzaron hacia los maleantes. Bubú, con cuchillo en mano, los espantó amenazándolos:

—¿Dónde están los mierdas, coño?

La pareja sinvergüenza se las traía y aprovecharon el predicamento para chantajearme, alegando que yo había herido a una amiga de ellos también. Me pidieron seiscientos pesos para quedarse callados y se los di para acabar con el problema, pero ellos no cumplieron su parte del acuerdo.

Al día siguiente fueron a La Cadena Azul donde me encontraba trabajando. Me pidieron más dinero, amenazando nuevamente con una denuncia ante la policía. Le hablé a un amigo del asunto y juntos los empujamos hacia la calle. La pareja se fue directo a la policía a presentar una querella. Me arrestaron a las pocas horas, pero pagué la fianza y salí la misma noche. La semana siguiente me llegó una citación con la fecha del juicio.

Cuando llegó el momento del juicio criminal, la mala prensa de los meses anteriores sirvió para influenciar al juez contra mí. Fui sentenciado a dos años de prisión en el Castillo del Príncipe, pero conseguí apelar a la buena voluntad de Doña Regla, la madre del presidente Prío Socarrás, quien me quería como un hijo. Le compuse una canción titulada "Regla" en su honor y se transmitió en la radio con la ayuda de amigos. Estoy convencido que intervino por mí porque al día siguiente, Prío redujo mi condena a doce días. Aunque fue corta la condena que cumplí, para mí fue una eternidad. Por algo me decían El Inquieto Anacobero. Estar encerrado sin poder hacer lo que me diera la gana era mi peor castigo.

Sin embargo, la condena se hizo más soportable por el pueblo cubano; muchos se encargaron de visitarme, enviarme cartas y traerme regalos. Además, busqué algo que hacer para pasar los días. Fijé mi atención en las historias de mis compañeros presos. Pude aliviar un poco la condena de los presos más pobres dándoles dinero para que compraran velas de santos en el comisariato y escribiéndoles cartas en inglés para sus familiares en los Estados Unidos.

Como no podía abandonar mi arte ni siquiera un día, monté un coro con varios prisioneros talentosos y cantamos para los visitantes. Durante ese encarcelamiento compuse "El preso", tema que cantan millares y millares de presos por todo Latinoamérica. Al poco tiempo lo grabé junto a La Sonora Matancera:

Preso estoy, estoy cumpliendo mi condena,
La condena que me da la sociedad,
Me acongojo, me avergüenzo y me da pena
Pero tengo que cumplirla en soledad.

Mi guitarra huerfanita ya no suena
Y aunque tarde sé que es una realidad
Que el que juega tan cerquita a la candela
Si no vive con cautela quemará…

Desde esa experiencia, me propuse ayudar a los presos en todo Latinoamérica el resto de mi vida. Al poco tiempo de cumplir mi encarcelamiento, el Presidente Prío Socarrás ordenó amnistía a muchos presos. En honor a ese gesto de bondad de Prío, compuse "Amnistía".

Daniel Santos y Don Américo, Colombia 1953

Junto a Libertad Lamarque, Ecuador 1946

Con Gilberto Hernández, Costa Rica 1953

El internacional

«No me importa lo que digan de mi corazón bohemio…»
Tema: Vagabundo, 1962
Compositor: Federico Baena
Agrupación: La Sonora Mexicana

Para mí, la composición era el alma de la canción y el canto, su expresión. Mis letras llegaban por sí solas y regularmente en la quietud de la privacidad. Don Pedro Flores solía decir que entraba en éxtasis al componer; y debía ser cierto porque lo mismo me pasaba a mí.

Todas mis composiciones estaban basadas en experiencias propias. Por ejemplo, compuse "El chino camarero" sentado en un restaurante en el Barrio Chino y "Tres colores, dos banderas", por el azul, rojo y blanco compartidos por mi Puerto Rico y Cuba, mi segunda patria. En el balcón de la casa de Marina, mi suegra, me senté largas horas junto a Pablo Cairo a componer versos. Ahí nació la inspiración para "El baile de la lechuza" cuando Danielito nos señaló una lechuza que había hecho un nido junto a un palmar cerca al balcón. Ese tema fue muy popular en Cuba. El maestro Pablo Cairo creó muchísimos éxitos para La Sonora Matancera. Sin duda, gran parte del éxito de la agrupación se le debe a él.

En 1951 me reconcilié con Eugenita, pero la relación se tambaleaba por la presión de mis problemas. Aun así, permanecimos casados. Un día discutimos fuerte porque llegué a casa casi de madrugada. Yo había prometido llegar a una hora decente para acompañar a mi mujer y a mi hijo a la cama, pero se me cruzó una invitación y se me olvidó mi compromiso con ellos. Esa noche, Eugenita se paró de su silla al verme y me reclamó la falta.

—¡Nuevamente me dejas sola con el niño sin saber nada de ti!

—¡Quédate ahí quieta, Eugenita! Vete a dormir mejor y hablamos mañana. Mira que vengo cansado.

Sin sentido por el trasnocho y el licor, empujé a Eugenita hacía el sofá para que se sentara. Enfurecida, se paró rápidamente y salió a la estación de policía local a denunciarme por empujarla. De ahí regresó a casa, cogió al niño y se marchó a casa de sus padres. Aun así, cuando se propagaron rumores que le había pegado, ella se lo negó a los reporteros y ante las autoridades que le dieron seguimiento al caso.

Los periódicos difundieron el nuevo escándalo y se vendían como pan caliente. Gente con influencia en Cuba me acusaba de vagabundo, buscabullas y abusador. La Asociación de Artistas empezó nuevamente a amenazarme con negarme el derecho a cantar en la isla porque arriesgaba el prestigio de la clase artística de Cuba. Aun con toda la mala publicidad, mi público siguió apoyándome y las solicitudes por mis canciones, en vez de sufrir, aumentaron en Radio Progreso donde había vuelto a cantar con La Sonora Matancera. En muchas ocasiones llevé a Danielito a la emisora. ¡Ese niño demostraba talento para cantar! Caíto en especial lo quería mucho. A pesar de los problemas, estaba muy satisfecho con mi mujer y mi hijo.

Empecé a acostumbrarme a las exageraciones de los reporteros y acepté que mi imagen sería como la de los antihéroes de Hollywood que admiré cuando era un jovencito en las calles de Nueva York. Así que seguí con mi vacilón.

Entre 1951 y 1953, empecé a trabajar con distintas agrupaciones: Los Jóvenes del Cayo, la Sonora Moderna y el Super Conjunto Tropical. Entre tanto, Rogelio Martínez me pidió que lo fuera a ver a Radio Progreso para hablar sobre mi futuro con La Sonora.

—¿Cómo te van las cosas, Daniel? Aunque he oído que te va muy bien y que pronto saldrás de gira internacional.

—Así es, don Rogelio, pienso debutar en varios países, incluyendo Colombia. Además de presentaciones, pienso grabar unos numeritos.

—Precisamente por eso necesitamos hablar, Daniel. Tú has oído de Nelson Pinedo… He decido contratar al Barranquillero para que acompañe a la Sonora como cantante ya que tú tienes otras obligaciones. Sin embargo, espero que te reúnas con nosotros cuando se presente la oportunidad. ¿Estás de acuerdo?

—Seguro que sí, don Rogelio. Nelson es un buen cantante y tengo entendido que también es un buen hombre. Lo buscaré cuando regrese de mi gira. Buena suerte con Nelson.

—Buena suerte, Daniel.

Ese mismo año, cuando Fulgencio Batista dio su golpe de estado militar en Cuba, supe que mi estadía en el país peligraba porque yo era amigo de Prío Socarrás, el expresidente. Mi intranquilidad tenía mérito, ya que hacía un par de años, un policía simpatizante de Batista me había pateado la cara en una calle en La Habana. Supuse que mis días en Cuba estaban contados, así que viajé mucho entre Nueva York y Puerto Rico mientras comenzaba mi gira internacional para evitar a los hombres de Batista. Además, Eugenita empezó a temer por la seguridad del niño. Ella me decía que era mejor que me mantuviera alejado de casa, ya que el mismo coronel Carratalá, hombre de Batista, fue a verla durante uno de mis viajes para advertirle que yo era hombre muerto si regresaba al país. Debido al poquito tiempo que pasaba en Cuba, decidimos que la separación era lo mejor y ella se quedó viviendo con Danielito en casa de Marina, su madre.

La gira internacional comenzó el año siguiente en 1953, patrocinada por Roberto Esper, un importante empresario barranquillero, dueño de los almacenes Robertico. Viajé en avión, acompañado de la hermosa vedette Lisa Araujo, pero iba bien mal de los nervios. Yo siempre fui malo para eso de viajar en avión, desde que supe que Carlos Gardel se murió por estrellarse el avión donde viajaba, ¡justamente cuando se dirigía hacia Colombia! Soportaba los vuelos a punta de traguitos de güisqui. Cada vez que se jamaqueaba cualquier de esos tantos aviones en los que viajé pensaba, «Coño 'e su madre»... y me daba otro palito. Le tenía mucha admiración a esos muchachos pilotos, superguapos volando esos aparatos. Nunca me acostumbré a esos aparatos, pero tenía que seguir el guisito donde me llevara.

Al aeropuerto fue a recogerme Roberto Esper en un Chevrolet convertible. Como venía con los nervios bien jodidos por los jamaqueos del avión, le pedí a mi anfitrión que me consiguiera unos cigarrillos de hierba para tranquilizarme.

—Yo necesito algo —le dije sigilosamente—. Los Camel y los Kool son de gente aristocrática. Yo fumo es otra cosa.

Entendió mi mensaje y enseguida envió a un secretario a conseguirme hierba y a que cumpliera los mandados que yo pidiera. El señor Esper no permitió que me faltara algo durante la gira y me hospedó en el mejor hotel, el Luxor de Barranquilla.

Debuté exitosamente acompañado por la Sonora del Caribe bajo la dirección musical del gran maestro César Pompeyo. Estuvimos en muchas ciudades de Colombia presentándonos por la radio y en vivo: primero en Barranquilla y luego en Bogotá, Medellín y Cali en el Hotel Aristi. La acogida en Colombia fue fenomenal. Al Teatro Colombia de Barranquilla fueron miles de personas a vernos; muchos se quedaron afuera porque no había espacio para tanta gente. El sistema que tenía la producción era así: primero rodaban una película y a la mitad, interrumpía la orquesta y salía yo a cantar seis temas, entre ellos "El preso", "Jugando, Mamá, jugando" y "Bello mar". La gente aplaudía con fervor al ser sorprendidos de esa forma en medio del filme. Fue tan grande el éxito que añadieron presentaciones a la gira por Santa Marta, Cartagena y Sincelejo. Cumplí con más de cincuenta presentaciones por esas ciudades en dos semanas.

A través de los años guardé muy gratos recuerdos de Colombia, un país al que por siempre me sentí vinculado, no solo por el cariño de la gente, sino por mi matrimonio con una colombiana y los dos hijos que tuve con ella en los años setenta.

En Colombia tuve un segundo renacer artístico cuando durante una de mis giras por la ciudad en 1955, me bautizaron con el apodo El Jefe en el barrio Guayaquil de Medellín en el bar El Perro Negro. Ahí fue donde primero escuché a la gente llamarme así, aunque en Barranquilla decían que un locutor local fue el primero que me puso ese apodo durante mi primera gira, en 1953. Sucedió que se me ocurrió darme una vueltecita para conocer la vida de la gente del barrio, que dizque de malas pulgas. Me advirtió uno de los ejecutivos patrocinadores de la gira:

—Daniel, no vayas por allá. No te lo recomiendo. Es uno de los barrios peligrosos de la ciudad.

—Pero, m'ijo, es que yo soy malo también. No te preocupes. Yo quiero ver cómo vive la gente. ¡Vamos!

Enseguida que llegamos al bar la gente me reconoció. Me rodearon y me aplaudían:

—¡No se preocupe, mi jefe! ¡Usted está bien aquí en Antioquia!

—¡Aquí nunca le pasará nada! ¡Usted es El Jefe! —dijo un asistente desde un rincón del bar.

—¡Sí, venga! ¡Un aguardiente para el jefe!

Y desde ese día se regó la voz con todos los colombianos que yo era El Jefe.

México y Perú fueron otros dos países que visité ese año. En Lima me invitaron a cantar en la inauguración de una chifa donde vendían comida china y presentaban espectáculos. Conocí a muchas damas bellas damas que fueron mis acompañantes durante mi estadía. Era tiempo de lloviznas, con un clima frío humedecido por la neblina. De consecuencia caí en la cama enfermo, y me fui para Chosica a recuperarme, un pueblito de clima cálido y flores bonitas. Allí conocí una peruanita con facciones orientales y me enamoré de ella. Hasta pensé quedarme en el país, pero eso era imposible. Yo no podía quedarme lejos de Cuba, de todo lo que tenía allá. Años después, hice una gira por muchas ciudades de Perú y la busqué pero no la encontré. Visité a Trujillo, Chiclayo, Ilo y Cuzco, donde tuve el privilegio de visitar a Machu Picchu, un prodigio de la arquitectura y el arte de nuestros antepasados aborígenes. De regreso en Lima, el representante argentino que me había contratado se largó sin pagarme los dos mil dólares que me debía.

De México también tengo muchos buenos recuerdos, incluyendo de mi amigo, el talentoso mexicano Tin Tan, con quien colaboré una vez durante una gira de un grupo de artistas. Pero también, durante una de mis visitas, tuve una bronca que recordé el resto de mi vida. No fue culpa de mi público mexicano, quien siempre me recibió con cariño y respeto. Pero después de esa noche salí del país apresurado y se me olvidó que me quedaba una presentación más en la gira. No volví por muchos años a México porque el sindicato de artistas me vetó por incumplimiento de contrato.

El asunto sucedió en un centro nocturno en mi camerino. Faltaban treinta minutos para el comienzo de mi debut y estaba tranquilo conversando con un representante artístico. De repente, apareció un tipo desconocido en la puerta, pasado hasta las tetas de tragos y con una absurda propuesta. Se acercó y me saludó con un empujón.

—Anacobero, aquí traigo a mi mujer y quiero que la beses; así que ya sabes, cuate, ¡la besas! —me ordenó mientras que su mujer abochornada se escondía tras él.

—¡Tranquilo, m'ijo, tranquilo, que la señora se va a enojar! —le dije tratando de disuadirlo.

—Que no se va a enojar. No te preocupes, cuate. ¡Te ordeno que le des un beso! —siguió fastidiando.

No supe que hacer más que darle un beso en la mejilla para acabar con el encuentro incómodo. Inmediatamente, el tipo me empujó y caí sentado en un sofá. Un muchacho chino que atendía el camerino me dijo que no le hiciera caso y la pareja se marchó rápidamente. Pero a los pocos minutos el impertinente borracho empezó a vociferar por los pasillos.

—¿Dónde está ese Anacobero extranjero, ¿eh? ¿Dónde? De aquí de México tendrá que irse con sus bártulos y todo, ¡o lo saco a tiros, chingada!

El camarero me ayudó a salir del camerino por unas escaleras de atrás.

—¡Escóndase, Don Daniel, que ese loco trae pistola!

—¿Dónde está el pinche Anacobero? —seguía repitiendo el pistolero desquiciado por los pasillos.

—No se sabe —contestó un bongosero que ensayaba a solas. A esta respuesta, el borrachón le zumbó unos tiros a las piernas, pero afortunadamente no le hizo daño nada más que hacerle pasar el susto. El borracho siguió buscándome, abriendo las puertas de todos los camerinos.

—¿Dónde está la salida? ¡Aquí no se ve una chingada! —masculló mientras abría la puerta que daba a la oscuridad del escenario.

Me acerqué por detrás y lo empujé. En el escenario, una mujer trató de detenerlo y él la abofeteó. Enseguida el director del lugar lo encañonó con una .45. Uno de los amigos del borracho rápidamente lo desarmó; con la misma pistola, le dio una bofetada en la cara y lo arrastró fuera del teatro.

Al concluir mi presentación esa noche, el camarero me dijo,

—Señor Daniel, ¿sabe usted quién era ese hombre?

—No, ¿quién era?

—Pues fíjese que a mí se me pareció a uno del trío Los Panchos!

—¡Ay, caramba!

Con Myrta Silva y Bobby Capó

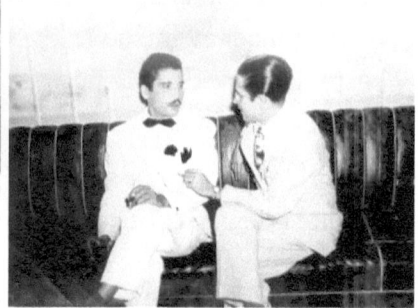
Con su amigo el periodista
Mariano Artau

Junto a Yomo Toro, 1960

Con la Sonora Matancera

Llegó el comandante

«Mala suerte, ¿por qué me has perseguido?...»
Tema: Mala suerte, 1957
Compositor: Daniel Santos
Agrupación: Joe Blanco

Entre 1954 y 1960, ocurrieron muchas cosas en la vida de este Anacobero. Seguí viviendo en Cuba, pero entre medio de actuaciones, viajaba a donde sea que me llevaban otros contratos internacionales. Trabajé con varias agrupaciones como el Conjunto de Sociedad, la Sonora Caracas, la Sonora del Caribe, Pedro Laza y Sus Pelayeros, en Colombia. Durante esos años, grabé mis composiciones "Cautiverio" y "El que canta", aparte de otras canciones como "Candela", "Panamá me tombé", "Carolina Caro", "¡Qué humanidad!" y "Punto negro", un bolero de Pedro Pérez Chorot que me gustaba mucho.

En una presentación en Nueva York a comienzos del 1955, conocí a una puertorriqueña, Gladys Serrano, en un cabaré. Era una muchacha, agradable y tranquila, del tipo que me gustaba. Le alquilé un apartamento y la visitaba las veces que podía entre mis viajes. A los pocos meses de conocernos me dijo que estaba embarazada y mi hijo Rodney nació en octubre del mismo año. Aunque estaba contento por la llegada de otro hijo, no quería permanecer en una relación, así que seguí como si estuviera soltero.

Al regresar de un viaje, Gladys me dijo que había conocido a un hombre bueno que podía brindarle a ella y al niño más estabilidad.

—Daniel, no puedo continuar así sola con Rodney y tú viajando a todos lados. Hace muchos meses que no sé nada de ti, ni llamas. He conocido a un hombre bueno y me voy con él.

— ¿Quién es él?

—Tú lo conoces. Me voy a casar con Ismael Rivera, el cantante. Es muy bueno conmigo y con el niño. Me ha prometido dedicarse a nosotros.

No me sorprendió que tomara esa decisión, aunque si me tomó de sorpresa que fuera mi compatriota, Maelo, como le decían. Aunque ella y el niño se merecieron rehacer su vida, no me gustó que después de eso la gente decía por ahí que Maelo dizque me había quitado a mi mujer y a mi hijo. A través de los años, supe que Maelo en verdad fue bueno con Rodney y con Gladys. Ellos permanecieron casados el resto de sus vidas. Con Maelo no crucé palabras nunca, pero me sentí contento que mi hijo tuvo un buen padrastro. Al niño lo veía solo cuando coincidía con ellos en Nueva York. Eugenita supo del nacimiento del niño y resolvimos divorciarnos luego de nuestra larga separación.

En 1956 debuté en Ecuador, en el Teatro Apolo de Guayaquil. Los primeros dos días fueron todo un éxito, pero al tercero, me quedé ronco en medio del espectáculo. Pedí disculpas al público y salí de la tarima hacia el camerino mientras las protestas escalaban. Detrás del escenario supe que se formó un alboroto descomunal. Volaron butacas, palos y botellas. Le pegaron fuego a las gradas y hubo tiros. La gente pedía a gritos que se le devolviera el dinero, pero no era decisión mía, sino del dueño del lugar y el promotor de la gira. Me encerré en el camerino y le dije al manager del sitio que no iba a salir hasta que no trajeran un pelotón del ejército para que calmara la cosa en el teatro y me escoltara a mi hotel. Así mismo fue. Llegó el pelotón y me metieron en el vagón de un camión militar con seis soldados. Yo pensaba que me iban a llevar derecho al hotel, pero pasamos por el lado de El Continental y, para mi asombro, la seguimos. Un poco confundido, pregunté:

—Capitán, ¿se fijó que pasamos el hotel?

—Sí, lo vi, pero primero tenemos que ir al cuartel a llenar un acta sobre lo que pasó. Usted sabe, cosa de rutina.

Cuando llegamos al Cuartel Modelo, me zumbaron a una celda apestosa luego de una interrogación sobre lo sucedido. Desde mi celda podía ver a los demás prisioneros, unos veinte, todos sucios y cabizbajos; unos apresados por ser borrachos o marihuaneros empedernidos y otros por ser rateros o locos, ¡pero locos de verdad! Uno de ellos escuchó que yo era el cantante de boleros llegado de Cuba y empezó a imitarme, cantando mi canción "El preso" mientras los demás encarcelados aplaudían y reían. Después de eso, el loco, luciendo una gran mueca, no me quitó la mirada de encima ni por la noche. Me entró una gran melancolía por estar en esa situación incómoda e inesperada. «¡Qué mala suerte!», me dije a mí mismo, antes de quedarme dormido en el suelo.

Al día siguiente llegaron personas buenas y generosas de todos lados de Guayaquil que me trajeron revistas, cigarrillos y golosinas. Una familia hasta me trajo almuerzo los cuatro días que estuve preso. Aproveché las largas horas y compuse "Cautiverio" y "Cataplum pa' dentro Anacobero". Al final del cuarto día de encarcelamiento, me llevaron ante un juez porque el dueño del teatro me demandó por ciento cincuenta mil sucres, una pequeña fortuna, alegando que los daños del teatro fueron culpa mía. ¡Y ni me pagó por mis presentaciones!

Pero el juez fue justo y solo me multó cuatro dólares por el incumplimiento. Creo que se conmovió cuando supo que yo les había regalado diecinueve camas con sábanas, almohadas y colchones a los presos de la cárcel. A pesar de la mala experiencia, la gente de Ecuador era buena conmigo. Pasé muchos buenos ratos junto a ecuatorianos visitando mis lugares favoritos, el cabaré Alicia y El Rincón de los Artistas. La cosa estaba tan buena que decidí quedarme unos meses viviendo en Guayaquil y abrí un restaurante a las orillas del Estero Salado llamado El Barco.

Aunque seguía en medio de contratos internacionales por Sudamérica, la sangre llama, así que decidí regresar a Cuba, con ganas de ver a Danielito. Con un amigo, envié a Eugenita la letra de una canción que compuse y titulé "Déjame ver a mi hijo". Eugenita, conmovida por la canción, aceptó, pero con la condición de que me cuidara de escándalos para no llamar la atención del Servicio de Inteligencia Militar de Batista, o el SIM. Hubo cierta oposición de la Asociación de Artistas a mi llegada, pero los patrocinadores de Radio Progreso lo resolvieron porque yo les llenaba los bolsillos tanto como ellos me los llenaban a mí. Llegué de regreso a Cuba y declaré a los medios que venía cambiado, a sentar cabeza.

Al llegar al aeropuerto, el SIM me detuvo y me trasladó rápidamente a la oficina de un oficial de alto rango, el coronel Carrillo. Los soldados burlones me ordenaron esperar en la oficina y a mecerme en un sillón hasta que llegara su comandante, de apellido Mirabal. Lo hice, recordando a mi hijo y las promesas que le había hecho a Eugenita, aunque por dentro echaba chispas.

—Escúchame bien, Anacobero. Ya las cosas en Cuba han cambiado. Aquí ya no se te va a aguantar el desorden como te lo aguantaba tu amiguito Prío —advirtió el coronel.

—No hace falta, coronel, no se preocupe. Yo tengo familia. No hay problema —le aseguré, tragándome la rabia.

—¡Ah! Y te espero en el cuartel de policía mañana en la noche, para que nos cantes a todos unos numeritos. No faltes.

Al día siguiente fui a cantar al cuartel sin que me pagaran un centavo. Unos días después el mismo coronel me mandó a llamar a su oficina por medio de un asistente. Al inicio de su interrogatorio sacó su revólver de la funda, lo colocó en la mesa y lo tapó con su sombrero. Me tensé ante la acción intimidante, pero me sorprendí cuando empezó a hablar en un tono bajito y suplicante.

—Oye, Anacobero, no te mandé a llamar para hablar de Prío ni de Fidel. Lo que pasa es que tengo una jevita encapricha' con tu música y necesito que le compongas una cancioncita ahí pa' ganármela. Me tiene el coco podrido, chico.

Ya tranquilo, empecé a responder, consolado por su comportamiento alentador, cuando, de repente, su disposición bipolar lo transfiguró y con tono fuerte y amenazador siguió,

—Espero que cumplas lo más pronto posible. Ahora sal de aquí, Anacobero, que para más nada me sirves.

¿Qué podía hacer yo en ese momento? ¿Negarme? Yo ya tenía experiencia con militares abusivos desde mis días trabajando en la emisora de Trujillo en Santo Domingo. En Cuba, el despiadado coronel Carrillo era bien conocido, así que le aseguré cumplirle con la composición que me pidió después de una gira por Venezuela que duraría solo dos semanas. Pero resulté quedándome dos años para evadir a los hombres de Batista; no tenía intención de cumplirle al coronel.

A mí nunca me gustó que me impusieran nada, fuera quien fuera. Recordé la voz de mamá diciendo «con miel se atrapan las moscas», un consejo que me daba, pero siempre me costó sacrificar la otra mejilla ante la impertinencia y la injusticia.

Durante los primeros días de mi hospedaje en la cantina del Hotel Maracay, en vez de componerle la canción al coronel, compuse "Sierra Maestra", en solidaridad con el Movimiento 26 de Julio. Tomé varias estrofas del himno "Adelante, cubanos" que me dio un teniente del ejército rebelde y las junté con mis propios versos para componer "Sierra Maestra". Lo grabé junto al Conjunto de Sociedad, con quien también grabé muchas otras canciones.

El movimiento de Castro tenía el propósito de derrocar al gobierno abusivo de Fulgencio Batista, al cual se atribuían miles de muertes. La canción, tengo entendido, luego se volvió himno del movimiento. La misma secretaria de Fidel me dijo que a él le había gustado y que la tocaba en Radio Rebelde para sus soldados. Al mismo Fidel lo conocí, cuando me tomaba un café y coincidimos en la oficina del senador Chibás en el '48, pero él no habló mucho. Lejos de los tentáculos militares de Batista, acampados en las montañas de la Sierra Maestra, los muchachos del M-26-7 escuchaban mis letras:

> *Sierra Maestra,*
> *Monte glorioso de Cuba,*
> *Donde luchan los cubanos*
> *que la quieren defender.*
> *El capricho miliciano*
> *que no ha de retroceder*
> *porque tiene allá en su mano*
> *la fuerza para vencer...*

Tuve que ir a Nueva York a grabar la canción en un estudio un par de años después, en 1958, porque nadie quería grabarla en Venezuela; Pérez Jiménez, el presidente y militar general venezolano, simpatizaba con Batista. Otorgué todos los derechos y ganancias de la canción a la lucha del movimiento de la revolución cubana. Fidel, en ese tiempo, tenía mucho apoyo de líderes mundiales porque no era secreto que el gobierno de Batista era corrupto.

Durante los dos años en Venezuela, alquilé una casa en Caracas, entre Sordo y Guayabal, donde vivía con una mujer venezolana. Ella tenía seis hijos y los traté como si fueran míos. Viví un año con ella, pero mi situación económica no era muy buena y la cosa comenzó a agitarse en la calle contra la dictatura. Había poco trabajo por la situación política, que iba de mal en peor, y había muchas protestas violentas en las calles. Estaba uno por ahí tranquilo andando, cuando de repente se formaban tiroteos de Padre y Dios mío.

Un día estaba jugando dominó con los hermanos de la mujer con quien vivía, cuando empezamos a oír bombas caer de aviones militares que volaban por encima del patio abierto. Era el movimiento antiperezjimenista en todo su apogeo. Al día siguiente, el dictador habló por la radio y amenazó con arrancar cabezas al por mayor. Yo, ni corto ni perezoso, aproveché un vuelo para salir de Venezuela ese mismo día.

Tras marcharme, no pude regresar a Venezuela por ocho largos años porque el gobierno posterior me acusó dizque de comunista. También empezaron rumores de que yo había violado a la hija de la mujer con quien vivía, pero ninguna de las acusaciones eran verdad.

Me dirigí primero hacia Nueva York y luego a Puerto Rico y alquilé una casa en Villas Palmeras. Ahí me quedé un año viviendo con una mujer que me ayudó a formar un grupo comunitario compuesto por estudiantes. Fue idea suya la de educar a los muchachos de la comunidad. En casa nos reuníamos a estudiar canto, gramática y civismo. Aún tenía que permanecer fuera de Cuba, evitando a los hombres de Batista.

En enero de 1959, con el triunfo de la Revolución, pude regresar a Cuba. El ocho de enero el ejército rebelde entró a La Habana por el malecón. Ni la policía ni el ejército los resistieron. Yo mismo vi el desfile triunfante desde el techo de Radio Progreso junto a otros personas incluyendo el poeta Antonio Corretjer, el gran poeta y Oswaldo Agüero, un conocido periodista. El pueblo recibió a los soldados como héroes. Unos días después Fidel dio un discurso prometiéndole a todos los cubanos paz y transparencia del gobierno. El mundo entero lo admiraba y los líderes mundiales lo aclamaban y buscaban establecer nuevas relaciones con Cuba bajo su mandato. Yo admiraba su lucha nacionalista.

Seguí debutando en nuevos países, incluyendo Costa Rica, donde casi me caso con una costarricense que conocí en un nightclub. Pasamos unos días juntos durante esa gira. Me había dicho que era soltera, pero cuando fui a conocer a su familia, apareció un tipo diciendo que era su marido y salí por la parte de atrás de su casa sin despedirme.

Durante mis giras seguía defendiendo la causa de la Revolución cubana, porque conocía de antemano la lucha por erradicar la desigualdad que sufrió el pueblo bajo el gobierno de Batista. Y aunque no llevara armas, porque yo nunca fui partidario de la violencia política, lo hacía cantando "Sierra Maestra" y hasta con unos truquitos de santería que me enseñó un babalao en Cuba.

Durante los primeros años de la década de los '60, pasé uno de los momentos más difíciles de mi vida cuando perdí a Mamá a consecuencia de un infarto. A pesar de mi dolor, salí a presentarme por la obligación de los contratos; el público me sostenía, aún sin ganas de cantar. Yo siempre dije que a los cantantes hay que admirarlos y nunca envidiarlos. Ahí donde los ves, están llenos de problemas y tristezas mientras cantan y bailan por su compromiso con el público. ¡Que trate cualquiera de cantar alegremente cuando está perdido en la tristeza! ¡No es nada fácil!

En el año 1961, canté en El Sombrero, un cabaret en Panamá. Me presentaron como «El niño más malo del mundo, Daniel Santos, El Inquieto Anacobero». Anuncié que cantaría mi "Sierra Maestra". Me entregué a la canción entre aplausos cuando se oyeron algunas detonaciones de una pistola. Las balas rebotaron alrededor de mis pies, pero no me acobardé, aunque temblaba por dentro. Le señalé a la orquesta que dejara de tocar y grité:

—¡Ese que está disparando, ese mismo! ¡Apunte aquí, en pleno corazón, que aquí no hay miedo!

Los camareros lograron detener al tirador y lo sacaron a la calle. El público se volvió loco y aplaudía con furor. Luego me enteré que el tirador era hijo de un político rico y que lo habían llevado al hospital luego de que algunos de mis admiradores le cayeran encima.

En Panamá mi representante se desapareció luego de gastarse el dinero que me debía, así que salí furioso con un cuchillo a buscarlo por la ciudad. ¡Si el pillo ese no sabía que yo era malo también, lo iba a saber! Lo encontré por casualidad en un cabaré cerca al Hotel Panamá. Le tiré un par de puñaladas que le rozaron la camisa, huyó espantando y desapareció. En eso tiempo, a mí no me importaba nada, ni ir preso. Como son las cosas de la vida, al llegar a Chile unas semanas después para cumplir un contrato, me encontré al representante mientras nos montábamos en el mismo ascensor. Íbamos solitos los dos y se puso verde, colora 'o, blanco, de todo a la vez. Me dio pena y le aseguré que ya la rabia me había pasado; hasta lo invité a que me consiguiera más trabajo, pero, eso sí, yo cobraría por adelantado mi dinero.

En Chile canté en el elegante salón El Goyescas y en El Bodegón, un sitio de menor categoría, pero muy acogedor. Allí canté mis canciones, incluyendo "Sierra Maestra", cuando un comerciante gordinflón, al parecer anticubano o anti fidelista, se fue a quejar con el dueño. Para ese tiempo, ya muchos países habían comenzado a darle la espalda a Fidel y a la Revolución.

—Daniel, aquí no se pueden cantar canciones comunistas. Tendría que cancelarte el contrato —me dijo el dueño.

—¿Sabe que puede hacer con su contrato? A mí nadie me dice que canción yo puedo o no puedo cantar.

Al salir de la oficina, subí unas escaleras y el gordinflón me persiguió mientras me acusaba de comunista y traidor de la democracia. La gente no entendía que yo estuve ahí presenciando con mis propios ojos los abusos de Batista contra el pueblo y por eso respaldé a la Revolución. Enfurecido, me volteé y le zumbé tremendo trompón que lo mandó a rodar hasta el fondo de las escaleras. A los pocos minutos llegó una patrulla al bar donde me había ido a tomar un café. El gordinflón me acusó de agresión y me llevaron a la comandancia. Allí siguió sus acusaciones ante el comandante, pero el capitán me soltó y detuvo al gordinflón el resto del día por acoso. Me acordé de mi primera visita a un babalao en Haití, quien me dijo que siempre saldría librado de mis problemas, y pensé que había sido una de mis mejores inversiones.

Durante los últimos viajes a mi Cuba querida, entre 1960 y 1962, realicé presentaciones en varios cabarés y clubes importantes y manejé el club El Habana 1900. También grabé muchas composiciones inspiradas por Cuba y mi lucha por la independencia de Puerto Rico; algunas fueron "Independentista", "Soldados de la patria" y "Mi patria es mi vida". La Habana rebosaba con nuevos centros nocturnos establecidos por inversionistas extranjeros y supe que Rosa, mi exesposa, también había abierto un club en La Habana con su nuevo esposo.

A cargo de Cuba estaban Fidel, su hermano Raúl Castro y Che Guevara. Poco a poco, el comunismo se arraigó y las cosas empezaron a cambiar. Empezó la expropiación de todas las empresas y establecimientos, incluyendo el club que yo manejaba. Un día estaba sentado con un amigo en un pequeño negocio de repuestos de automóviles cuando llegó un teniente y le entregó una orden que decía que él tenía que entregar las llaves de su negocio y salirse de allí. La Revolución Cubana acabó con los casinos, la prostitución y todos los que Fidel llamó la lacra que estaba acabando con el pueblo. Se calentó la tensión política entre los Estados Unidos y Cuba y, en consecuencia, comenzó la emigración de muchos cubanos y extranjeros hacia otros países. Yo ahí salí de Cuba, tristemente, y jamás pude volver. Aún había mucha confusión en Cuba, pero la gente cubana seguía apoyando a Fidel, especialmente por los ataques del gobierno yanqui.

Al llegar a Miami, los oficiales de inmigración me llevaron a una oficina dentro del aeropuerto. Después de esperar varios minutos, unos agentes gringos del FBI, el famoso departamento de inteligencia, llegaron a interrogarme.

—Sr. Santos —dijo uno de los gringos en español, pero con acento americano—. Necesitamos hacerle unas preguntas. ¿Usted tiene abogado?

—¿Abogado para qué? —contesté asombrado.

—¿Usted es simpatizante de Fidel Castro? ¿Trabaja para ellos? ¿Por qué escribió esa canción "Sierra Maestra" y la canta en muchos países? ¿Está usted reclutando agentes para el movimiento comunista de Fidel Castro?

—Yo no trabajo para nadie más que para mí mismo. Escribí la canción porque quise apoyar el derrocamiento de Batista, igual que mucha gente alrededor del mundo.

—¿Qué nos dice de Pedro Albizu Campos? ¿Usted es su amigo?

—Yo apoyo la independencia de Puerto Rico y admiro a don Pedro.

Me devolvieron el pasaporte, pero al poco tiempo, cuando intenté renovarlo, no se me permitió dizque porque no era elegible. No fue hasta que mi abogado los amenazó con una demanda que pude sacar uno nuevo. En varias ocasiones, al entrar al país norteamericano, nuevos agentes del FBI reanudaban sus interrogatorios, con las mismas preguntas. Aquello fue una pendejada que durante veinte años parecía no tener fin.

Actuando en Puerto Rico, 1958

Salón Goyescas, Chile 1961

Daniel Santos y Los Pelayeros, 1958

En el juego de la vida

«En el juego de la vida, juega el grande y juega el chico...»
Tema: El juego de la vida, 1953
Compositor: Mundito Medina
Agrupación: La Sonora Matancera

Mi peregrinaje por Latinoamérica siguió y yo iba al compás de la corriente. Me casé por la izquierda sucesivamente con varias mujeres en los años 60: Judith Ford, Anita López, Alicia de Córdova, Cuti Rebollo y Noemí Minerva. Cambiar de mujer se había vuelto fácil para mí. Si no me gustaba algo de alguna, rapidito me salía y la dejaba. Con cada una viví desde un par de meses hasta un par de años. Aunque ninguna me duraba, yo seguía ligándome porque me gustaba llegar a casa y encontrar a alguien ahí con quien compartir. Sin embargo, seguí siendo incorregible, y durante mis giras siempre dejaba noviecitas en cada ciudad. De vez en cuando me llegaban cartas de mujeres con fotos de niños y niñas, que decían ser fruto de esos amores. No me atreví a botar las fotos y las guardé a través de los años, aunque no intenté conocerlos en persona, salvo a una niña dominicana llamada Isabelita. Había tenido un corto romance con su madre, la vedette Gloria Normanda, y ella me dijo que la niña era mía. Vi a la niña un par de veces cuando era jovencita, y el marido de Gloria le había dado su apellido. Después que se volvió adulta, perdimos el contacto. Durante los años que me empaté sucesivamente, me mudé a los países de donde eran mis mujeres, incluyendo Nueva York, Puerto Rico y Panamá. En cada país montaba uno que otro negocito para mantener a la mujer ocupada mientras yo estaba de gira.

Cambiaba mis números de teléfono a menudo. Cuando necesitaba a alguien, era yo quien los llamaba y si alguien del pasado quería verme, a veces se aparecían en mis camerinos o en los hoteles donde sabían que me hospedaba.

Seguí viajando y cantando por toda Latinoamérica y grabando música con muchos artistas y disqueros. En Colombia hice muchas presentaciones y también grabé música bajo el sello de Discos Fuentes. Los productores usaban los músicos de la casa disquera, pero les cambiaban el nombre en cada LP, una estrategia de ventas. Entre los diferentes nombres que usaron estaban Los Diplomáticos, Sonora Malecón Club, Sonora Marinera y Los Anacoberos, que nombraron en honor a mí. Fueron tantas mis composiciones que era difícil mantener la cuenta. Seguía trabajando con don Pedro y grabé más composiciones suyas, como los éxitos "Se vende una casita", "Toma jabón pa' que laves" y "Sin reserva". Con Mike Hernández y Sus Jíbaros grabé "La Masacre de Ponce", "Yo quisiera una bandera" e "Himno y bandera", composiciones mías dedicadas a la independencia de Puerto Rico. El triunfo de la revolución cubana me motivó a retomar con fuerza mi discurso en contra de la colonización yanqui.

Fueron muchos los artistas que conocí, algunos que se hicieron buenos amigos y otros que solo pasaron por mi vida. Entre los que admiré mucho estaban Julio Jaramillo y José Feliciano, a quien una vez llevé a la casa de mi familia en Lares para que lo conocieran.

En el año 1963, me metieron preso en Nicaragua. Sucedió que me contrató una señora, precisamente por medio de mi amigo

Julio Jaramillo, para presentarme en varios teatros en Nicaragua para un total de veintiún actuaciones. Ya casi terminaba la gira cuando ella me dijo que las últimas presentaciones serían en su burdel.

—Mire, señora. Yo hago muchas cosas en los burdeles, pero cantar no —me rehusé, indignado por su propuesta.

—Pues más vale que me cumplas, Daniel. Ya tengo vendidas las taquillas. Soy amiga de Tacho Somoza y ahora mismito hablaré con él. ¡Ya veremos!

La señora le dijo a su amigo, el dictador Anastasio Somoza, que había organizado una fiesta para él y sus jefes militares en su burdel y yo me había negado rotundamente a cantarles. El dictador ególatra enseguida dio la orden para mi encarcelamiento en El Hormiguero, una cárcel donde los presos vivían en condiciones infrahumanas. Por suerte, duré solo un día allí, gracias a unos jóvenes abogados puertorriqueños que estudiaban el sistema judicial nicaragüense y lograron mi liberación.

Mientras estuve en El Hormiguero conocí a un muchacho que siempre andaba muy triste. Cumplía una condena por haber matado a su amigo accidentalmente en una borrachera. Traté de consolarlo y él me contó su historia. De ahí, unos días más tarde compuse "Los dos amigos".

La prensa amarillista no desperdició oportunidad de vender periódicos a costa de mi desgracia. Antes de salir del país, caminando por una calle en Managua, me tropecé con un vendedor ambulante de periódicos ofreciéndome un titular que llevaba mi mismísimo nombre...

Daniel Santos, NUEVAMENTE preso,
¡esta vez en Nicaragua!

Que la gente supiera lo que me ocurría me importaba poco ya. Si yo he sido un libro abierto y nunca he tenido secretos, ¿por qué iba a esconderme ahora? Con lo que no estaba de acuerdo era con que los periodistas explotadores se aprovechaban de mi nombre para ganarse chavos. Pero yo seguía en lo mío y dejaba que la vida se encargara de lo demás.

Salí de la cárcel en Nicaragua hacia Chicago y viví una temporada entre tres mujeres. Una fue Linda, a la que yo le decía La Peleona, que se jactaba de haber inspirado la composición de don Pedro del mismo nombre, aunque no tenía nada que ver. "Linda", en realidad, fue inspiración de don Pedro en honor a una noviecita que él tuvo.

También viví con una negrita llamada Tonie y con Marusca, que era la novia de un amigo. Un día Marusca se nos unió después de una larga noche de copas y terminamos en un hotel los tres en la misma cama. Esa noche recordé aquel titular de periódico que había visto en Nicaragua y pensé, «Que sigan hablando mientras yo sigo en lo mío gozando». Empecé a entonar un versito en mis pensamientos: «Porque me da la gana, soy yo».

En 1965, tuve la dicha de regresar a Venezuela luego del exilio que me impuso injustamente el gobierno de Pérez Jiménez en el '58. Pero la gente venezolana, de las más generosas del mundo, jamás dejó de quererme.

Junto al cantante Vitín Avilés

En Cali junto a Lino Frías, 1974

11 DE OCTUBRE

«Cuando se venció al coloso, como David a Goliat...»
Tema: 11 de octubre, 1969
Compositor: Daniel Santos
Agrupación: La orquesta 11 de octubre

Luego de andar varios años de hotel en hotel y cantina en cantina, empecé a extrañar a Eugenita y deseaba estar más cerca de mi hijo Danielito, quien para ese tiempo ya era un estudiante muy inteligente.

Me sentía muy solo a pesar de que siempre estaba acompañado. Me había desvinculado de mi familia desde que Mamá murió, y evitaba llamar a Papá y a mis hermanas para no tener que darles muchas explicaciones sobre mi vida, aunque las pocas veces que llamé me recibían de la mejor forma. Cada cinco o seis años, cuando los veía, me enteraba que habían expandido sus familias, más hijos, más sobrinos, todos buenos muchachos que mantuvieron la humildad que caracterizó a nuestra familia desde nuestros comienzos en Tras Talleres. Mis tres hermanas formaron buenos hogares. Mi papá se casó de nuevo con una mujer muy buena llamada Conchita, y todos, gracias a Dios, eran felices.

Motivado por el ejemplo de mi familia, en el año 1966, logré que Eugenita me diera una nueva oportunidad y nos casamos por segunda vez. Sin embargo, a los cuatro años nos separamos definitivamente cuando nos quedó claro que ya las cosas no eran iguales. Ella había cambiado mucho; ya no era la muchacha suave e ingenua de aquella época que pasamos en Cuba. Y yo, a pesar del tiempo, no había cambiado nada; aún era el bohemio incorregible, el que quería un hogar y una familia sin que le costara la libertad.

Durante los finales de la década de los 60 grabé muchos boleros con agrupaciones como la de Claudio Ferrer y la Orquesta Happy Hill. Bajo el sello Orfeón, grabé con el Mariachi Tenochtitlan y con La Sonora Mexicana. Sin embargo, durante mis giras, cantaba las canciones que más me pedía el público. Entre las más populares de mi repertorio estaban "Perdón", "Linda", "Despedida", "Virgen de Media Noche", "Panamá me tombé" y "En el juego de la vida". Después del gran éxito de "Linda" en 1963, compuse "No me pregunten por Linda" y "Volvió Linda," terminando la historia que empezó mi maestro con una trilogía.

La vida de cantante tiene sus altos y bajos. Conocí mucha gente buena, gente que fueron mis amigos durante toda la vida, como lo fueron Davilita en Puerto Rico, el general Omar Torrijos en Panamá y Julio Jaramillo en Ecuador. Junto a Julio, en 1968, grabé en vivo desde Perú un LP llamado *La cantina*. Mi amistad con Julio me llevó a vivir un año en Ecuador, donde también conocí muchos pillos, bandidos y explotadores. Uno de ellos fue un abogado de apellido Lemberg, o algo así por el estilo, quien me había contratado para cantar en la Feria Bim Bam Bum de Guayaquil en 1968. Aprovechó que yo no estaba protegido por un sindicato y me robó miles de dólares al marcharse sin pagarme varias presentaciones durante esa gira. Puse una demanda, aunque para ese entonces no prosperaban mucho ese tipo de denuncias.

Para ese tiempo yo estaba viviendo en Puerto Rico y Luis A. Ferré, del Partido Nuevo Progresista había ganado las elecciones de gobernador. Yo no era partidario de la simpatía que el partido estadista tenía con la condición colonial de mi patria. La Asociación de Productores de Puerto Rico montó un espectáculo televisado muy especial en uno de los hoteles más prestigiosos y me invitaron a cantar. Aproveché la tarima para cantar "Sin bandera" de Pedro Flores y pregonar mis ideales nacionalistas ahí ante todos para que no quedara duda de mi patriotismo.

¡Ah, si mi patria tuviera
su propia bandera desplegada al sol!

Las cámaras de televisión captaron las muecas de los Progresistas al oír mi canción porque la consideraban subversiva. A lo mejor pensaron que les iba a cantar "Lamento Borincano" del maestro Hernández, una canción que sí era de mi pueblo, pero que utilizaban los políticos como vehículo de manipulación. Después del espectáculo, se me acercaron un montón de gente en un cafetín a felicitarme y darme palmadas en la espalda. Entre ellos, uno me dijo:

—¡Oye, Anacobero, o eres guapo o eres loco, pero nos gustó!

Después de ese incidente, conocí a mi amigo el general Omar Torrijos durante una gira por su país en 1969. Con el compartí muchas conversaciones del futuro de nuestros países. Un día le pregunté por qué él cambiaba con tanta frecuencia a sus ministros y me contestó:

—Daniel, tú sabes cantar. Yo trato de gobernar y cuidar mi pueblo. Lo hago para que no se recuesten en sus posiciones y luego se crean indispensables o les dé por robar con dos manos.

El coronel Antonio Suárez me habló de la idea de hacer un LP en honor a los trabajadores panameños y me concertó una cita con el general para hablar sobre los problemas y triunfos de la Revolución panameña. Aquel LP, *La Revolución*, lo grabé con La

Orquesta 11 de Octubre, los mejores instrumentistas de la banda militar panameña. Fue un orgullo para mí, ya que incluía una docena de mis propias composiciones que proclamaban el dolor y la esperanza de los indios, los campesinos y los trabajadores. Era precisamente el tipo de música que a mí me gustaba componer.

A través de los años, el general Torrijos nunca permitió que le cantara de gratis y después de mis presentaciones, hablábamos de la independencia de Panamá, las relaciones del país con los Estados Unidos y las negociaciones por la recuperación de la zona del canal. Cuando Jimmy Carter asumió la presidencia de los Estados Unidos, el general me preguntó:

—¿Qué crees, Daniel? ¿Qué clase de presidente será el señor Carter?

—-Mi general, pienso yo que ese va a ser un presidente bueno y comprensivo. Con ese, usted podrá lograr arreglos para su pueblo y su patria.

El mismo año que conocí al general también conocí a Dulce, la panameña en la isla de Taboga. Era muy bonita y muy astuta. El caso fue que quedé embrujado por su belleza. Trabajaba de mesera en el café del hotel donde me hospedaba. La invité a un aperitivo ese día y luego de unos tragos en la noche, terminamos en la cama, como solía suceder. Esa misma noche me echó un cuento de que necesitaba dinero y luego de un par de días, simuló su suicidio por su carencia económica. Como la muchacha me gustó, en un arrebato le prometí que cuidaría de ella y que me la llevaría a Puerto Rico conmigo. Nos casamos en un magistrado y, después de negociar su salida de Panamá en la embajada de los Estados Unidos, llegamos a vivir a la playa de Puerto Rico en una casa alquilada. Se la presenté a varios amigos durante las primeras semanas de matrimonio. Cuando salí a una gira internacional, tuve que dejarla en casa, pero le pedí a una sobrinita que se quedara con ella y las encomendé a los policías de la estación local.

Partí de Puerto Rico hacia Perú. Me contrataron para cantar en un cabaré llamado El Chalán. Ahí conocí a muchas personas, entre ellas los del Club de Discómanos de Daniel Santos, que tenían la colección más completa de mis grabaciones que yo había visto. También probé la mejor cocaína que jamás encontré en mis largos años de bohemia. Un fanático me regaló un pomo grande de no sé cuántos gramos y me di un banquete todos los días, pero como salía de viaje a otras ciudades, tuve que dejar más de la mitad del pomo colgado encima del candelero de cobre en mi habitación. Ahí lo dejé para que el próximo huésped lo gozara.

Cuando regresé a Puerto Rico, los vecinos me preguntaron si algo había pasado en mi casa durante mi ausencia porque parecía un auténtico burdel, con hombres saliendo y entrando en ronda. Aunque de seguro eran chismes maliciosos, con el orgullo herido no le reclamé nada a mi mujer para no entrar en discusiones. Le dije a Dulce que empacara, que nos íbamos a un viajecito a Panamá, a visitar a su familia de paso porque seguía a una gira en Colombia. Ahí la deje, en el hotel, y san se acabó. Regresé hasta el año siguiente, con el divorcio en mano y quinientos dólares por su molestia, los cuales ella aceptó de inmediato.

En concierto, Cali 1974

En compañía de Davilita y Don Pedro Flores, Puerto Rico 1973

MI BANDERA

«Independentista, ahora que estás arriba
y eres primero en la lista...»
Tema: Independentista, 1961
Compositor: Daniel Santos
Agrupación: Claudio Ferrer

A finales del 1971 mi secretario colombiano, Armando Salas, subió al escenario de la Caseta Matecaña junto a una jovencita muy bella, una de las más bellas que había visto en esos años. A mí me habían invitado, junto a otros artistas, para animar una función durante los Juegos Panamericanos en Cali, Colombia. En primera fila estaba ella escuchándome cantar. Vestía un traje de satín color lila y lucía el cabello oscuro y largo hasta la cintura. Me llamó la atención que, aunque era jovencita, repetía las letras de mis canciones con precisión. La canción que más pedía el público colombiano era "La despedida" y para ellos siempre la cantaba. Al concluir "Despedida", mi último numerito de la noche, le hice gestos con la mano para que esperara un momentito y no se fuera; le había pedido a Armandito que la subiera al escenario, ya que la caseta no tenía camerinos.

Cuando la tuve frente a mí tras la cortina del escenario, pude descifrar, por su manera de hablar y actuar, que era muy joven, demasiado joven para mí, pero, al fin y al cabo, no me importó.

Atraído por su cara linda y fragancia exquisita, decidí que iba a ser mi mujer.

—Ana Luz Dary Padredín —me dijo su nombre, bajó la mirada y sonrió.

La muchacha trabajaba como modelo y aún era estudiante. A pesar de estar consciente de la diferencia de edad, su belleza me impactó de tal forma que en mi mente hice excusas: «Luce como de veinticinco. No es posible que apenas vaya a cumplir quince».

Después de unas presentaciones en el Hotel Aristi, la invité a que me mostrara la ciudad y la llevé a conocer a la familia Molina, la familia de Armandito, que era como mi familia en Colombia. La muchachita era espontánea y alegre. Además, después del pugilato con la panameña, me atrajo una muchacha como ella, con menos experiencia. La apodé Lucy y a la semana, le pedí que fuera mi novia y que se casara conmigo dentro de unos meses cuando cumpliera los quince años.

Fuimos a ver a sus padres, Gloria y José, para pedirles permiso para casarnos. Aunque cuestionaron nuestra gran diferencia de edad, Lucy estaba decidida y los convenció porque era una muchacha de voluntad fuerte. Hasta los amenazó con escaparse de la casa y jamás volver a verlos. El caso fue que no había quién la convenciera, ni sus mismos padres, de seguir otro camino que no fuera el de ser la mujer de Daniel Santos. Así que sus padres prefirieron llevar las cosas por las buenas con ella. Además, sabían que, por lo menos conmigo, la muchacha estaría bien y nunca le faltaría nada. Aunque apenas la había conocido, como les he dicho, yo andaba sin tapujos ni rodeos para enamorar a las mujeres. Llegamos a su casa en el barrio El Dorado. Yo pensé que íbamos a tener una conversación tranquila entre todos, pero cuando llegamos, había docenas de personas al frente de su casa. Parecía que todo el barrio se había enterado de mi visita. Al bajarnos del taxi, la gente aplaudía y decía:

—¡Don Daniel! ¡Bienvenido, Daniel! ¡Jefe! ¡Bienvenido, Jefe!

Mientras hablaba con los padres de mi novia, las personas se amontonaban como salchichas en lata a mirar por la ventana de la sala y uno de ellos rompió el vidrio accidentalmente. Nos fuimos al patio a seguir nuestra conversación para que los vecinos curiosos se dispersaran.

Luego de que sus padres aprobaran nuestro compromiso, salí de Colombia a cumplir con unos contratos y le dije a Armandito, mi hombre de confianza, que cuidara a Lucy. A ella le pedí que dejara de modelar, porque ya no necesitaba trabajar, siendo mi novia. Por Latinoamérica se había regado la voz que me iba a casar con una muchacha muy jovencita y recibí una llamada de Papá cuando se enteró. En tono afligido me preguntó:

—Daniel, vi en los periódicos que te vas a casar con una colombiana. Esa muchacha es demasiado joven para ti, m'ijo. ¿Por qué no te consigues una mujer más de tu edad, tal vez una mujer independiente, profesional, que sea buen compañera para ti, pa' que dejes de estar casándote tanto?

—Las mujeres profesionales de mi edad tienen muchas ideas en la cabeza, Pa', y son muy exigentes. Yo no estoy pa' eso. No te preocupes, que yo sé lo que hago —le aseguré y no volvió a hablarme del asunto.

Estuve fuera de Colombia cinco meses, pero hablaba con Lucy por teléfono varias veces a la semana. Durante esos meses, los periodistas empezaron a acosarla, a tomarle fotos y hacerle entrevistas, pero ella los manejó con naturalidad y amabilidad. Cuando regresé, en el '72, partimos enseguida para Ecuador porque en Colombia no nos casaron por su edad.

Dicen que a la tercera va la vencida, pero no fue así, porque por tercera vez tuve problemas en el escenario y con las autoridades ecuatorianas.

Estaba cantando en un cabaré cuando un grupo de delincuentes me gritaron que cantara "Cataplum pa' dentro Anacobero", pero esa noche no tenía la música de la canción escrita para la orquesta así que tuve que negarme. Los bandidos trataron de subirse al escenario a causar problemas, pero dos policías que montaban guardia los detuvieron y me escoltaron hasta la puerta porque se armó una algarabía en el público. Me subí al auto que había alquilado y me marché a mi hotel.

Al día siguiente, fui al sitio del espectáculo a cobrar mis honorarios, pero el representante no se apareció a nuestra cita. En cambio, un intendente de la policía se me acercó. Yo creía que venía a hablar de lo sucedido la noche anterior y a proponerme regresar al cabaré una noche más para reponer el espectáculo que les dejé incompleto. Pero, para mi sorpresa, el intendente me dijo que estaba ahí bajo la instrucción del empresario que me había contratado; me mostró una copia del contrato, notablemente alterado, y me exigió pagar impuestos sobre mis honorarios antes de salir de Ecuador.

—Señor oficial, ¡es que ni me han pagado todavía! ¡Además, el contrato que yo firmé era diferente!

—Usted no puede salir del país hasta que pague los impuestos que debe. Pague de una vez para que no haya problema.

—Permítame hacer una llamada —le dije y me escabullí hacia la recepción del cabaré a pedir el teléfono prestado. Marqué el número de la embajada de los Estados Unidos y les pedí que enviaran a un secretario al hotel donde me encontraría con él.

El intendente me siguió hasta el hotel pensando que yo allí le entregaría el dinero, pero se llevó una sorpresa cuando se nos acercó el secretario de la embajada en el lobby. Le expliqué al diplomático lo sucedido, pero no pudo hacer nada por mí. En esos momentos, Lucy se nos acercó y me preguntó que pasaba. Le expliqué que tenía un problema de impuestos y le pedí que se quedara en el hotel mientras yo iba al cuartel a hablar con algún comandante del asunto. Afortunadamente, en el cuartel me encontré con el coronel Edmundo Urrea, un oficial honesto, en la jefatura. Él se dio cuenta de la trampa y me advirtió que mejor me fuera del país. Luego supe que al promotor sinvergüenza lo metieron preso. Las demás giras al Ecuador sucedieron sin conflicto. Después del trastorno aquel, salí de inmediato para México, donde la casa Orfeón me tenía guardadas unas regalías y me las pagaron enseguida. Siempre fueron muy justos conmigo.

Cansado de tanto representante pillo, organicé mi propia agencia artística donde cantantes como yo pudieran sentirse protegidos por representantes honestos que trabajaban por su bien. Fueron muchos los famosos artistas hispanos que se afiliaron a mi agencia; entre ellos Celia Cruz, José Feliciano, Danny Rivera, Iris Chacón, Ednita Nazario, Bienvenido Granda, Cheo Feliciano, Roberto Ledesma y Vicentico Valdés. La agencia también representó a algunos cantantes y actores americanos, como Eddy Lawrence, Roy Orbison, Tony Martin y Phil Foster. Aunque tenía mucho potencial, manejé la agencia solo un par de años y la disolví por falta de tiempo, ya que mis propios contratos me obligaban a viajar con mucha frecuencia. Fue en esta época que, inspirado por mi admiración a Frank Sinatra, grabé un LP en inglés llamado *Amor bilingüe, Bilingual Love*. Sinatra fue un artista que yo siempre pensé tuvo una vida muy parecida a la mía. Además éramos de la misma época.

Lucy y yo vivíamos en Levittown, Puerto Rico. Nos habíamos casado en México, después de salir deprisa de Ecuador por consejo del coronel Urrea. La llevé a todas mis giras en Latinoamérica y a conocer a mi familia. Todos la recibieron muy bien a pesar de nuestra diferencia de edad. Al año de matrimonio, Lucy quedó embarazada, pero a las pocas semanas de concebir, perdió el bebé al tropezar y caer por las escaleras de nuestra casa. La desgracia nos dio mucha tristeza y no fue hasta el año siguiente, en 1974, que quedó embarazada de nuevo. Esta vez, tuvimos una niña a la que yo le di el nombre Danilu, una combinación de mi nombre y el de Lucy. Aunque me alegré mucho con el nacimiento de la niña, lamenté bastante que mi padre había muerto unos meses antes y no pudo conocerla.

Celebramos el bautizo de Danilu y le pedí a Davilita y a su esposa Ana que fueran los padrinos. Él era un gran amigo y vivía a solo unas casas de nosotros en Levittown. Entre los dos, compusimos una canción dedicada a mi hija después de una pelea que tuve con Lucy donde amenazó con marcharse a Colombia con la niña. A pesar de eso, seguimos juntos tratando de mantener la cosa de la mejor forma. De regalo de reconciliación, le llevé a casa un día dos perritos que nombré en honor a dos gánsteres americanos bien conocidos. Clyde, un pastor alemán, y Dillinger, un caniche, las cuidaban mientras yo estaba de viaje. Luego Lucy adoptó otro caniche y le pusimos Chiqui, por la conocida guerrillera colombiana. También monté una casa de discos y un restaurante para que ella se entretuviera.

El mismo año del bautizo de Danilu, Lucy y yo fuimos a Colombia a bautizar a la hija de mi secretario Armandito Salas, quien nos había pedido que apadrináramos a su pequeña Jazmelly. A Tito Cortés, con quien a veces cantaba en Colombia, le apadriné dos hijos. Y en el '58, apadriné el hijo de Nicolás López, un empresario barranquillero, cuando yo andaba con Alicia de Córdova. Llevé a Lucy a visitar a mis hermanas, quienes vivían en Nueva York y Miami y a mi hijo Danielito, quien se había graduado de la universidad y tenía una carrera militar. Él se había casado con Ofelia, una española muy linda, y me habían vuelto abuelo con el nacimiento de dos niñas. A la mayor le pusieron Ofelia como su madre y a la más pequeña, Christina.

Yo nunca dejé de ser devoto de Santa Bárbara y en Puerto Rico, cada vez que podía, iba a las reuniones santeras en mi Firebird amarillo vestido de rojo, el color representante de la energía y la fortaleza en la religión yoruba. En cada habitación de casa tenía un altarcito para un santo: en la oficina, a San Martín de Porres; a la Virgen de la Caridad del Cobre, patrona de Cuba, en el bar; a Santa Bárbara bendita, en mi cuarto; y en el cuarto de la niña, a Santa Clara, para que le abriera siempre los caminos. Cuando nació nuestro hijo, David Albizu, le pusimos a San Lázaro, por algo que después les cuento. Decoramos cada habitación de acuerdo con los colores que vestía el santo correspondiente. A un Buda que me había regalado un amigo le monté un altar en la antesala que pinté de rojo y decoré con otros artefactos asiáticos. Otro amigo me regaló un cuadro del diablo, diciendo que traía mucha suerte, pero cuando lo traje a casa, Lucy me hizo botarlo de inmediato y quemó una ramita de romero. Nunca dejé de usar el agua florida antes de salir de la casa; me echaba la bendición en la frente y en la parte de atrás de la cabeza, como me había recomendado un amigo santero. Durante muchos años hice todos esos rituales para mi suerte y protección. Sin embargo, con el pasar del tiempo, me fui desprendiendo de esas cosas y fui mucho menos devoto.

Don Pedro iba mucho a casa, acompañado de otros artistas, a componer canciones y hacer arreglos de música conmigo. Los amigos que más me visitaban eran Claudio Ferrer, el inagotable compositor, y Pellín Rodríguez, hermano de Alicia de Córdova, la que fue mujer mía. Bajo la dirección de don Pedro grabamos la fono novela *Historia de Linda* y él le pidió a Lucy que modelara para la portada, vestida de monja, de acuerdo con el destino de Linda, la protagonista de la historia. Donde quiera que yo iba, siempre se me acercaba alguien a decirme, «Daniel, ¿y Linda?»

Para mí, todo iba viento en popa. Participé en las fiestas patronales de Puerto Rico varias veces. Grabé mucha música, especialmente con el grupo de Miguel Carrillo, y unos numeritos en inglés por consejo de algunos de los artistas americanos que yo había representado en mi agencia artística. También trabajé con compositores legendarios, como Tite Curet Alonso, Máximo Torres y Mundito Medina. Grabé unas composiciones de Bobby Capó, incluyendo "Despierta Borincano" y "El cantante". En Venezuela, "Perdón" estaba de moda porque abrió la película *El pez que fuma*, ganadora de muchos premios.

Esa década de los '70 fue bárbara. El mundo estaba cambiando. En Latinoamérica, los golpes de estado se daban con frecuencia por culpa de la guerra entre políticos de la derecha y de la izquierda. La gente se refugió en la diversión, a través de las drogas y de la música, pero al mismo tiempo, había muchos movimientos que luchaban contra las injusticias sociales. Mientras los viejos lamentaban el deterioro de los valores tradicionales, los jóvenes celebraban la rebelión contra las normas. Aunque yo ya no era un jovencito, toda la vida simpaticé con los rebeldes, así que, durante esa década, motivado por el activismo que marcaba los tiempos, retomé con vigor la lucha por la independencia de Puerto Rico.

Nunca escondí mi deseo de que Puerto Rico dejara de ser colonia de los yanquis, aunque me gané la crítica de mucha gente. Yo era un rebelde con causa, la causa del patriotismo y del antiimperialismo. Yo nunca fui partidario de que un país fuero dueño de otro. Por eso me persiguió el FBI durante décadas. Debó aclararles que, aunque yo no simpatizaba con la situación colonial de mi patria, jamás odié ni a Estados Unidos ni a los americanos. Muchos de ellos fueron buenos amigos y compañeros artísticos, pero eso no me quitó lo patriota ni nacionalista.

En la oficina de mi casa, me tomaba traguitos de güisqui y me fumaba cigarrillos de yerba antes de escribir mis versos y canciones patrióticas. Junto a Davilita, lanzamos un LP llamado *Los patriotas*. Le encargué un busto en bronce del fallecido don Albizu Campos a un famoso escultor puertorriqueño llamado Rafael López del Campo. Cuando me entregó el busto, lo mandé colocar en un pedestal al frente de mi casa y organicé una ceremonia de inauguración con mis amigos, invitando también a todos los independentistas de la isla. Ahí se coló un tipo americano, pero nadie supo quién era ni de dónde venía. Sospechamos que era del FBI, pero el que nada debe, nada teme, así que lo dejamos así. Contemplé formar un nuevo partido político y llamarlo Patriotas Puertorriqueños, pero desistí por no causarle problemas a mi hijo Danielito, quien estaba contemplando una carrera de diplomático. Él prefirió no ser cantante, aunque había heredado mi talento. Y yo siempre me sentí muy orgulloso de él. Nunca quise que mis hijos fueran artistas para que no sufrieran en ese mundo lleno de pillos y problemas. Al par de años del nacimiento de la pequeña Ofelia, nombraron a Danielito embajador de los Estados Unidos y lo asignaron a Atenas, Grecia.

Empecé a tener muchos problemas con Lucy. A escondidas, comenzó a arreglarse para salir con sus amigas a pasear por la isla porque yo le decía que la mujer era de su casa y que mejor se quedara con los niños. Las mujeres que tuve siempre me acusaron de ser celoso porque a mí nunca me gustó que mi mujer saliera a la calle. Terminamos divorciados en el '75, pero nos reconciliamos a los pocos meses. Al año siguiente Lucy quedó embarazada de David Albizu, el menor de mis hijos, y nos casamos de nuevo. El niño nació muy enfermo, con hidrocefalia, y pasamos muchas días de médico en médico, buscando quien pudiera salvarlo del diagnóstico severo de posible sordez y mudez total a causa de la enfermedad. Fue ahí cuando le coloqué a San Lázaro, el patrón de los enfermos, en su cuarto. Afligido por el futuro de mi hijo, me lo llevé a la Ciudad de México, a la basílica de Santa María de Guadalupe, a hacerle una promesa a la virgen para que lo sanara. Entré arrodillado y así seguí el largo camino hacia el altar con mi hijo en brazos, pidiéndole a la virgen un milagro. La virgen me lo concedió porque a los pocos meses, el niño mejoró y al año, veía y oía normalmente. Desde ese momento, no faltó la imagen de la milagrosa Virgen de Guadalupe en el cuarto de mis hijos.

Sin embargo, mi matrimonio con Lucy empeoró porque yo seguí trabajando mucho fuera de casa y ella pasaba demasiado tiempo sola con los niños. Nos divorciamos por última vez en 1978. Ella se quedó con la custodia de Danilu y David y se los llevó a Colombia. Encima del divorcio y tener que estar lejos de mis hijos pequeños, también murieron mis grandes amigos Julio Jaramillo y Miguelito Valdés ese mismo año. En el '79, sufrí otro golpe duro cuando falleció don Pedro Flores, mi mentor y mesías.

Con Tite Curet

Junto a José Feliciano y Luis Vigoreaux

Si Dios quiere

«Yo quiero un cariñito que me quiera, que no me diga no...»
Tema: Voy buscando amor, 1950
Compositor: Pablo Cairo
Agrupación: La Sonora Matancera

Héctor Lavoe me invitó a grabar un álbum junto a Yomo Toro, el famoso guitarrista puertorriqueño con quien había grabado mucha música en los '60. La gente decía que Héctor Lavoe era lo más grande que había salido de Puerto Rico. Un día, estaba en casa en Puerto Rico cuando recibí una llamada de Héctor. Había conseguido mi número por medio de un representante de la Fania.

—¡Daniel! ¡Panita! ¿Como estamos, boricua? Oye, ven acá, estoy aquí con Yomo Toro preparándonos para grabar un álbum. ¿Sabías que mi viejo fue un gran admirador tuyo? Y toditas mis tías también, aunque ya están viejitas. ¿Qué te parece si cantamos juntos? ¿El Flaco de Oro contra el Anacobero? ¡Ja, ja, ja!

—Bueno, chico. Eso me parece bien, pero déjame decirte que yo estoy muy joven para tener admiradoras viejitas, tú sabes. ¡Ah! ¡Ja,ja,ja!

— ¿Ah, si? ¡Ja,ja,ja! Ven acá, Daniel. Cuántos años es que tú tienes? Al lado tuyo yo soy un nene.

—Este viejito canta bueno todavía, ¿sabes? Vamos a hacer un contrapunteo. La nueva ola contra la vieja ola. ¡Ya tu verás! ¡Ja,ja,ja!

Don Chu escribió las letras de "Joven contra viejo" un aguinaldo, y lo cantamos a dúo. Aquel fue un LP bárbaro y lo lanzó la casa disquera Fania en 1979. Fue a Héctor que se le ocurrió disfrazarse como un bebé en pañales y que yo vistiera de Santa Claus para la portada. Gran majadero que era, ese niño siempre se inventaba cosas así. Nos hicimos amigos enseguida.

Para esos años, me presenté en los mismos escenarios con otros cantantes como Johnny Pacheco, Wilkins, Andy Montañez, Willie Colón y Oscar de León. Muchos de ellos eran artistas de la Fania y los ejecutivos de la casa disquera me invitaron a la asociación que habían formado, pero no lo hice porque quería hacer lo mío trabajando por mi cuenta. Seguí haciendo giras por toda Latinoamérica y grabando música con varias agrupaciones como las de Miguel Carrillo y Johnny Pacheco. Me presenté en muchos programas musicales de televisión en muchos países. Las giras cortas normalmente eran por las ciudades de los Estados Unidos y las giras largas eran mayormente en Sudamérica, especialmente Venezuela y Colombia, los países que más visité del continente. Yo pasaba en casa un par de semanas cada mes y el resto del tiempo mantenía en giras.

Mientras salían los papeles de divorcio con Lucy, me envolví con una venezolana. Conocí a María en junio del '77 cuando me presenté en un programa musical en Venevisión. Yo estaba en el pasillo de los camerinos cuando ella me llamó: «¡Don Daniel! ¡Don Daniel!». No sé ni cómo llegó a ese lado del edificio, pero era bonita la muchacha, así que me acerqué y después de hablar un poquito, le pedí su número.

Durante el resto de esa gira por Caracas, nos vimos varias veces en diferentes lugares cerca de la plaza Venezuela, donde ella trabajaba como secretaria. Me pareció una muchacha seria y responsable para sus veintinueve años. Era madre soltera de una niña pequeña. Antes de que concluyera la gira, ya había aceptado ser mi mujer. Como ya yo tenía problemas con Lucy, no vacilé en prometerle que dentro de unos meses volvería a Venezuela a verla. Cuando finalizó el divorcio con Lucy en el '78, regresé a Venezuela y le pedí que nos casáramos. Le di mi apellido a la niña, sin oposición de su verdadero padre, y así nos pudimos presentar como una familia ante las autoridades al entrar a Miami.

Vivimos entre Miami y Puerto Rico por unos meses. A esas alturas de mi vida, yo lo que quería era pasar el resto de mis días tranquilo y alejado del mundo de la farándula. Un día, mientras estábamos en Miami, le dije a María:

—Vamos a buscar un sitio donde construir una casa. Nos vamos en el carro y donde se acabe la gasolina, ahí mismo nos quedamos.

Cogimos camino desde Miami en mi guagua y en un pueblito llamado Summerfield, a cuatro horas del norte de Miami, el carro por fin paró por falta de combustible. Ahí mismo mandé a construir la casa y en ella pasé el resto de mis años, aunque no al lado de la venezolana porque nos divorciamos al par de años, en el '81, por incompatibilidad. Ella se casó de nuevo y se mudó con su marido a un pueblo cercano, pero yo seguí visitando a la niña de vez en cuando. También visitaba a Joe, mi otro hijo adoptivo, en California. Él tuvo mucho éxito por allá, actuando en películas y en una serie llamada *The Rockford Files*, donde hacía papel de detective. A sus hijos Joey y Perry también les fue bien en Hollywood; Joey era actor y Perry era director y productor de películas. De vez en cuando, también veía a mi hijo Rodney; para ese tiempo él ya era policía en Nueva York. Él se había casado y tenía tres hijos varones:

Ian, Otoniel, y Libre. Al que no veía mucho era a Danielito, porque vivía mudándose de país en país, entre África, Sudamérica y Europa, desempeñando como diplomático.

Yo siempre pensé que terminaría al lado de una mujer sudamericana porque las creía tranquilas y hogareñas. Para mí, las mujeres caribeñas eran candela, peleonas y celosas, pero terminé mis días al lado de Ana Mercedes, una puertorriqueña. ¡Así es la vida! Fueron doce años los que vivimos juntos y fue con la mujer que más tiempo viví bajo un mismo techo. Cuando la conocí a mis sesenta y cinco años, ya estaba cansado de tanto pugilato con mujeres. Con ella me quedé. Además, lo que me gustó de Ana era que no salía con amigas. Ella le gustaba estar sola y dedicada a la casa.

En el 82, conocí a Ana Mercedes en un nightclub en Nueva York, cuando me estaba separando de María. Vivimos juntos hasta que nos casamos en el 84. Ella estaba enredada con Yomo Toro y él me había invitado a verla a cantar en un cabaré en Brooklyn. «Tiene buena voz», pensé al escucharla. Yomo me dijo que era una «amateur» con aspiración a ser cantante. Su nombre artístico era Ana Mayra, y él la invitaba a presentarse en sus espectáculos de vez en cuando. No volví a saber de ella hasta varios meses después, cuando regresé a cantar en Nueva York y me visitó en el camerino acompañada de su papá.

—Don Daniel, yo siempre he sido admiradora suya y toda mi familia también, especialmente mi papá, Hipólito. Se lo presento.

—Mucho gusto, don Hipólito.

—El gusto es mío, don Daniel Doroteo. Un honor conocerlo. Gracias por recibirnos.

—Llámame solo Daniel, Hipólito, y tú también, Ana. Yo no sé de dónde salió ese cuento de Doroteo.

—¡Ah! Excusas le pido, Daniel.

—No se preocupe. ¿Y Yomo, Ana? ¿No te acompaña esta noche?

—No, Daniel. Hace mucho tiempo que no lo veo.

Decidí pedirle el número de teléfono y nos encontramos un par de veces durante mi visita a la ciudad. Le dije que la llamaría la próxima vez que estuviera por esos lados. Y así fue. Cuando regrese el mes siguiente, le pedí que se fuera a vivir conmigo a mi granjita, El Rancho Anacobero, y ella, como todas, aceptó.

Al par de meses de vivir juntos, me traje a mis hijos, Danilu y David, a vivir con nosotros. Lucy aceptó que conmigo tendrían un mejor futuro porque los pondría en buenas escuelas y aprenderían bien el inglés. Compré muchos animalitos para la finca y adopté cuatro perros satos del albergue de animales local porque a mí siempre me gustaron muchos los perros, las criaturitas con el mejor corazón en este mundo.

Los niños me ayudaban a cuidar a todos los animalitos del rancho. Junto a mi hija Danilu, criábamos pollitos y patitos en una incubadora. También teníamos un chivo llamado Pepe y una cabra llamaba Chepa. Cuando esta parió una cabrita, le pusimos Maruja. Todas las noches mi hija me ayudaba a llevar a los gansos y las gallinas a sus corrales. Y mi hijo, David Albizu, me ayudaba a sembrar sandías y a darle comida a las cabras.

Ya era un viejito viviendo una vida sin tragos ni otros vicios, con más tiempo libre. Me dediqué a practicar la carpintería en mi casa, como me enseño mi padre, don Rosendo, cuando yo era chamaquito y él esperaba que yo fuese carpintero como él lo fue. Yo mismo construí los corrales en mi finca para todos los animales. Mientras cortaba madera, le pedía a mi hijo David que me trajera mis herramientas, así como cuando ayudaba a mi papá en el patio de la casa de Santurce. Acostumbré a mis hijos a trabajar duro en la finca para que no se malcriaran y, de vez en cuando, les hacía comer funche como lo tuve que hacer yo en mi niñez por la pobreza.

Aunque ya había dejado mis años de bohemia atrás, aún seguía trabajando mucho y le daba gracias a Dios porque mi público nunca me abandonó. Yo era exigente con los músicos que me acompañaban y aunque me creyeran un viejo cascarrabias, no me importaba. Don Pedro me había enseñado a leer hojas musicales y también dirigí a la Sonora Boricua. Yo sabía lo que debía hacer cada músico, cuando debía entrar la trompeta o la guitarra. Los músicos que trabajaban conmigo sabían que tenían que darle al público lo mejor de ellos como yo daba lo mejor de mí.

Me presenté durante ese tiempo en muchos teatros importantes de Latinoamérica, incluyendo el Bellas Artes de Puerto Rico, y tuve el honor de cantar en el Madison Square Garden de Nueva York. Recibí contratos para grabar música nueva y numeritos ya conocidos. Me presenté en varias ocasiones en programas televisados de Venevisión en Venezuela y para Espectaculares JES en Colombia. Junto al Conjunto Clásico, grabé un álbum espectacular que incluyó las guarachas "Capitán" y "Perdóname". También grabé algunas de mis composiciones conocidas junto al grupo de Javier Vásquez, "Me mataré" y "El campesino", y la Charanga Vallenata me acompañó en la grabación de unos paseos y una cumbia llamada "Las tapas". Sin duda, una de las grabaciones que más importancia tuvo para mí esa década fue "El hijo del telegrafista", dedicada a Gabriel García Márquez, a quien conocí en el '85.

Ese día que nos conocimos, Gabo y yo compartimos una charla y unos güisquicitos en el restaurante Costa Brava en Cartagena gracias a unos contactos que arreglaron la cita. Ambos llegamos vestidos de blanco y con cabezas plateadas. Él fue un hombre que yo admiré mucho, no solo por su talento inigualable, sino por representar a Latinoamérica por todo lo alto y ante el mundo entero cuando le otorgaron el premio Nobel de Literatura. Durante nuestro encuentro en Cartagena, él me obsequió una copia de su novela *Relato de un náufrago*, donde él me había mencionado y yo le regalé una copia del LP que grabé en su honor titulado "Homenaje al Gabo". Ese día le pedí que escribiera mi biografía, algo que yo mismo siempre quise hacer, pero nunca encontré el tiempo. Aunque en el 82 Héctor Mujica ya había publicado *Confesiones de Daniel Santos*, un libro de mi vida basado en unas entrevistas que me hizo, yo quería un libro que incluyera muchos más recuerdos, de los que yo había guardado en mis propias notas durante muchos años. Además, desde que había salido ese libro me había divorciado de la venezolana con quién estaba casado durante *Confesiones*, así que había que actualizar la historia de mi vida. Gabo me dijo que, aunque le gustaría ser mi biógrafo, no podía porque tenía varios contratos pendientes con unas casas editoriales. Al año conocí a un joven periodista puertorriqueño, quien me pidió una entrevista y me lo llevé a una gira de tres semanas por Colombia. Colaboramos durante ese tiempo y luego publicó su libro *Vengo a decirle adiós a los muchachos* en el 89. Otro libro inspirado en mi vida fue *La importancia de llamarse Daniel Santos* del gran autor puertorriqueño Luis Rafael Sánchez.

Durante mis giras internacionales en los 80 recibí premios de Puerto Rico, Colombia, Venezuela, Ecuador y Panamá por mi trayectoria musical de cincuenta años. En el 82 fue que llegué al Madison Square Garden. Para mí fue un gran honor presentarme en uno de los escenarios más famosos del mundo. En el 89 me reuní con La Sonora Matancera y tuvimos un recibimiento apoteósico del público en el famoso Carnegie Hall y en Central Park de Nueva York. Compartí en escenario con otros grandes incluyendo Bobby Capó y Vicentico Valdés. De esa presentación en vivo salió un álbum.

En un hotel en México, sufrí un ataque cardiaco y al año siguiente, en 1990, sufrí un derrame cerebral en Nueva York. Estaba descansando en el hotel Pan American de Queens después de una presentación, cuando sentí una parálisis repentina en la pierna izquierda y luego en el brazo. Traté de pararme, pero me caí de la cama. Como no quería que me encontrara alguien desconocido, llamé a mi hermana Lucy, la menor, por teléfono. Ella de inmediato envió a nuestro sobrino, Michael López, y él me llevó al St. John's Episcopal, un hospital cercano.

Tardé casi un año en recuperarme, pero quedé dependiendo de un bastón. ¡Así es la vida! Dicen que la yerba mala nunca muere, por eso mismo seguí cantando. Después de este incidente, le pedí a Dios muchas veces, antes de subirme a cada tarima, que la muerte no me cogiera frente al público; no quería dejarlos con un recuerdo triste. Una cosa era que me vieran viejito; que me vieran tirado en el piso por un patatús era otra. Yo quería que la muerte me cogiera en la privacidad de mi casa, rodeado de mi familia. Por los años, mi público me permitió cantar sentado y hasta me consentían los organizadores, poniéndome una mesita y una botellita de güisqui Johnny Walker para que me diera unos palitos mientras cantaba.

Mientras mi cuerpo y mi memoria sufrían las consecuencias del derrame, mi alma recibió el golpe más duro que puede sentir un ser humano, un día de abril del 1991.

Estaba acostado en mi cama viendo televisión cuando sonó el teléfono y contesté la llamada.

—¿Daniel? Soy yo, Cookie. Lo siento... Lo siento... —dijo mi nuera, la mujer de mi hijo Rodney, su voz quebrantada entre sollozos.

—¿Qué pasó, Cookie? ¡Ve más despacio, muchacha, que no te entiendo!

Tomó unos segundos para recomponerse y siguió,

—¡Rodney murió! ¡Rodney murió! ¡Esta mañana lo encontraron muerto en su carro de policía!

No sé qué pasó ni qué dije después de recibir la noticia. Ana tuvo que quitarme el auricular porque al parecer, yo me había quedado paralizado con él en mano, no sé cuánto tiempo. Ella siguió hablando con Cookie, pero mi mente no fue capaz de agudizar el oído para entender lo que decían.

Luego de lo que me pareció una eternidad suspendida, Ana me tomó las manos y me dijo que nadie sabía exactamente lo que le pasó a Rodney, pero que la policía lo había encontrado baleado. Se sospechó que algún criminal lo había matado al enterarse de su trabajo como detective.

Sentí una impotencia como jamás había sentido. Un padre nunca debe pasar por la tragedia de enterrar a un hijo. Los hijos deben enterrar a sus padres. Esa es la sucesión natural de la vida. Sentado a la orilla de mi cama, a través de la ventana, fijé la mirada en el gran roble sembrado en el medio de mi terreno. Dejé que mis recuerdos me llevaran al día que Rodney nació. Era un bebé con mucho pelo negro y ojos igualitos a los míos, oscuros y redondeados. Tenía la misma mirada profunda que caracteriza a todos mis hijos. Recordé su buen carácter, que se había hecho querer de sus hermanos por ser tan bueno, y las veces que en privado me enfrentó por no haber estado más involucrado en su vida. Recordé que trató de ser mejor padre de lo que yo fui con él. Me dolió el alma el resto de mis días. Me arrepentí de haber andado tanto en la calle y no haber pasado más tiempo con él, porque el único amor que verdaderamente me faltó seguir en la vida fue el de mis hijos. Desde el día que murió Rodney le aconsejé a la gente, cada vez que podía, a todo el que me escuchara, que no fueran sinvergüenzas como lo fui yo y que cuidaran sus familias. Esos fueron mi mensaje y mi misión en mis últimos días.

En mi casa en Summerfield, sentado en mi mecedora, con mi cabeza plateada, hice inventario de mis vivencias. Recordé a los viejos amigos y compadres, unos famosos, otros no, pero la mayoría fueron pasajeros en mi vida; muchos ya estaban reunidos allá arriba con el Creador y otros con vida no me llamaban ni yo a ellos. Recordé los halagos que recibí por mi arte, pero también los desprecios que sufrí por mis creencias políticas. Tantos lugares donde canté, bebí y amé. Tantas y tantas mujeres que pasaron por mi vida. Una vez oí decir a alguien que fueron más de mil, pero lo cierto es que yo había perdido la cuenta después de las primeras docenas. Las únicas que recordaba bien fueron aquellas con las que compartí un tiempo bajo el mismo techo. A muchas les hice daño, pero jamás hice el mal por el mal. Perdoné a los que mal me hicieron, y pude también perdonarme a mí mismo.

Recordé a mi abuelo Concepción riéndose de mis rimas; a Papá Rosendo predicando sus sermones y a Mamá María preparando alcapurrias; a mis hermanas Rosa, Sara y Lucy haciendo fechorías en el patio de nuestra casita en Tras Talleres; los años en las calles de Brooklyn y mi primera noviecita, Augui. Recordé a mi mesías, don Pedro Flores, quien cambió mi vida, y a mis compañeros músicos, los muchos con quien yo trabajé. Recordé la felicidad que sentí los días que nacieron mis hijos. Recordé las cosas que pasé viviendo como el Anacobero andador, noctámbulo, noctívago de puertos y alcobas hoteleras, las que han hecho de mi vida un atrapamoscas de malcriados sabelotodo, guapetones y malparidos, pero también de gente buena, alegre, trabajadora y generosa. Fui anotando los recuerdos más importantes de mi vida en libretas amarillas a través de los años, para algún día compartirlas con mi público.

Reunión con Celia Cruz y La Sonora Matancera

En el Madison Square Garden, New York

La despedida

«Vengo a decirle adiós a los muchachos...»
Tema: Despedida, 1941
Compositor: Pedro Flores
Agrupación: El Cuarteto Flores

Mis últimas giras junto a La Sonora Matancera me dieron la sensación de déjà vu. Con ellos interpreté muchos éxitos, en el apogeo de mi carrera en Cuba, y ellos mismos me acompañaron durante los numeritos finales que compartí con mi público. Me parecía mentira mirarlos al lado mío durante nuestras presentaciones en esas giras y me llené de nostalgia por los años gloriosos que vivimos juntos. Lo único que me faltó para completar el círculo fue regresar a mi Cuba querida. Me sentí contento y satisfecho de los reconocimientos de mi público, aun cuando se acercaba el fin de mi carrera.

A mediados del 1991, hicimos gira por Colombia. Fue un encuentro magnífico con mis antiguos compañeros como Celio González, quién siempre consideré un buen amigo desde aquella trifulca en La Habana cuando arriesgó el pescuezo por mí. Ahí estábamos todos reunidos nuevamente: Rogelio Martínez, Nelson Pinedo, Alberto Beltrán y, por supuesto, Celia Cruz. Imagínense ustedes! También me entrevistó el periodista José Pardo Llada para un especial televisado de Telepacífico.

—¿Daniel, ¿cuántas? —preguntó el periodista cubano, que hacía muchos años residía en la ciudad de Cali.

—¿Cuántas qué? — respondí riendo, haciéndome el loco.

—¿Cuántas esposas? ¿Cuántos hijos?

—Doce esposas y doce hijos. Cada uno tiene su mamá pa' que no se peleen —contesté bromeando.

—¿Y el dinero, Daniel? ¿Qué lo hiciste?

—Me lo gocé todo. Lo boté.

—¿Cuántas canciones grabaste? ¿ Y cuántas composiciones son tuyas?

—Grabé más de trescientos álbumes con la ayuda de compositores y músicos de todas partes de Latinoamérica. Y alrededor de doscientas de esas canciones las escribí yo mismo, a puño y letra.

Las mismas preguntas me hacían en todas las entrevistas y yo daba las mismas respuestas que tenía preparadas para los periodistas sin más explicación. Pero la verdad era distinta. Me casé por lo civil con Lucy, Rosa, Eugenita, Luz Dary, Dulce, María y Ana Mercedes. Con Eugenita también me casé por la iglesia. Con ella y con Luz Dary la colombiana, me casé dos veces, como les había dicho antes. Con las demás yo decía que me casé por la izquierda. A veces presentaba a una dama acompañante como « mi mujer» y eso causó parte de la confusión. Así de desordenada estaba mi vida, no lo niego. Por darle una respuesta fácil a la gente, siempre decía « doce esposas y doce hijos» pero la verdad era que tampoco supe cuántos hijos tuve con toda certeza. Los que reconocí como sangre de mi sangre fueron Danielito, mi primogénito, Rodney, Danilú y David Albizu. A otros dos que fueron hijastros, Joe y Lizmar, les di mi apellido. De los que no llevaban mi apellido recuerdo al cubanito y a Isabelita. A ellos dos los había aceptado como hijos porque los vi con mis propios ojos y sus madres dijeron que eran míos aunque les habían puesto otros apellidos. Muchas fueron las mujeres que me decían tener frutos de nuestros idilios. Me mostraban fotos y yo no recordaba si había tenido un amor con ellas, pero no tenía el corazón de negar los niños porque el hombre que niega su apellido a una criaturita es un desgraciado. Además, era posible que fueran míos porque este Anacobero pasó muchas noches de pasión embriagado por el licor y las drogas en muchos puertos alrededor del mundo. Por eso decía que tenía doce hijos, porque sospechaba que habían más, aunque solo seis, cuatro naturales y dos hijastros, llevaban mi apellido. Los periodistas siempre me preguntaban sobre el dinero también. Aunque boté mucho en mujeres, hoteles y parrandas, no estaba en la miseria como decían mucho maliciosos por ahí. Muchas disqueras se aprovecharon de mi quedándose con mi regalías, pero yo no quería andar de pleito en pleito. No era millonario, pero tenía mi casa, un techito sobre mi cabeza que no se debía al banco. No tenía excesos, pero tampoco me faltaba un plato de arroz y habichuelas. Y no tenía deudas, a Dios gracias.

A los setenta y cinco años empecé a sufrir de Alzheimer y en un solo año la enfermedad avanzó rápidamente, cobrando mi memoria. Los preciados versos que durante décadas canté, que me sabía al derecho y al revés, eludían mi memoria en medio de las canciones. Durante esos momentos cuando las letras no salían de mi boca, recordaba la última vez que vi al maestro Sindo Garay en aquella fiesta en Cuba cuando él envejecido por los años y con mucha dificultad, tomó su guitarra para cantar un numerito a petición de un invitado. Ese ejemplo de valentía me motivó a seguir cantando para mi público, aun cuando los años me lo trataban de impedir.

Cuando pasaban varias semanas y no recibía oferta de contrato, no me hallaba. ¡Si yo siempre estuve viajando, cantando y brincando para todos lados! Por algo me decían El Inquieto Anacobero.

Donde me llamaban, ahí estaba, siempre y cuando me pagaran lo que yo pedía. Durante esas pausas pensaba que la gente me había olvidado, pero me llegaba una tras otra oferta, demostrando lo contrario. Me reconfortaba saber que aún mi público me aclamaba en todas partes, desde pequeñas cantinas, hasta los escenarios más grandes y prestigiosos del mundo. En todos los países donde bebí y canté, la gente nunca dejó de quererme. Entre aplausos, llegaban a mi mente los versos de "El que canta".

Porque el que canta dice mucho y sufre poco

Porque el que canta olvida su dolor

Era verdad, que mientras cantaba, el cariño de la gente me hacía olvidar cualquier problema que estuviera pasando.

Mientras mi enfermedad avanzaba, empecé a olvidar los lugares que recorrí, a las mujeres que amé, a los que fueron mis amigos y enemigos. En algunos momentos también me abandonó la cordura por completo, paralizando mis movimientos. A veces salía a caminar por la finca confundido, sin saber dónde estaba, y me tenía que rescatar mi mujer. En los momentos de lucidez, todas mis memorias volvían en un torrente y con nostalgia pensaba en mi vida, en mis andanzas y en mis errores.

No fui un modelo para la moral y las buenas costumbres. Fui un borracho y un aficionado de drogas, aunque nunca drogadicto. La sociedad que me engendró ya se ha visto en estas páginas. He sido mujeriego, pero para que se dé una relación de hombre y mujer, se requieren dos. Pero reconozco que aproveché de mi fama para conquistarlas porque me acostumbré desde muy chiquito a hacer lo que me daba la gana y nunca cogí disciplina. Pertenecí a otra generación, pero reconocí en mis últimos años que mi vida no debe ser el paradigma a imitar por los jóvenes. Aunque di la vuelta al mundo, no conseguí la felicidad por ir rapidito en la vida.

Mi última gira, como son las cosas de la vida, fue a principios del 1992, precisamente en mi amado Puerto Rico. Cuando me llamaron para cantar en el teatro La Perla, acepté de inmediato alegremente. Me hallaron los promotores en un momento oportuno de lucidez y pactamos el contrato. Presentí que iba a ser la última vez que pisaría el suelo de mi querida Borinquen. Al colgar el teléfono, llegaron a mi mente muchas memorias de mi niñez en Tras Talleres y preparé mi maleta para el viaje. Quería sentir su brisa de mar, así como cuando de niño me arrullaba suavemente durante mis viajes a San Juan, montado en la carreta de nuestro vecino don Luis.

Daniel Santos falleció el 27 de noviembre de 1992 en Florida. Un servicio privado tuvo lugar en Ocala, Florida, con su familia y amigos, seguido por un funeral público en San Juan, Puerto Rico, al que asistieron miles de personas a brindarle un último adiós. Sus restos descansan en el cementerio Santa María Magdalena de Pazzi, donde le pidió a su familia ser sepultado.

EPÍLOGO

Mientras escribía esta novela, debatí conmigo misma si debía incluir en estas páginas un epílogo dedicado a compartir mis pensamientos sobre la vida de mi padre, Daniel Santos. Decidí que sería apropiado hablar sobre un par de conclusiones, además de mi intención para la novela y mi proceso interno durante el transcurso de su creación. Sobre todo, quería tomar la oportunidad de abrirles mi corazón.

Llegué a la decisión de escribir este libro hace varios años. Durante esos días del centenario del natalicio de Papá, en el 2016, sentía que lo extrañaba más que nunca y buscaba alguna manera de honrar su legado. Ninguno de sus hijos seguimos sus pasos de ser cantante. Primero, porque él nos advirtió lo difícil que es la vida de un artista; segundo, porque todos nos interesamos por diversas carreras, aunque mi hermano Danielito heredó su talento. Confieso que yo no heredé el talento de intérprete, pero me gusta escribir y creo que lo heredé de mi padre, que aparte de cantante era un magnífico compositor. La composición es un arte muy técnico, pero para Papá siempre fue natural.

Estaba junto a su tumba, luego de que concluyeran las celebraciones de su natalicio en San Juan el cinco de febrero, aunque no era su cumpleaños ese día. La fecha errónea era lo de menos, lo importante era la bonita intención de la celebración. Me había quedado sola después de agradecer a los participantes su presencia. Decidí declinar amablemente la invitación de seguir con el grupo que se marchaba del cementerio, porque quería aprovechar un momento de privacidad. Ahí, lloré sobre su tumba lo que me pareció una eternidad. Le hablé a mi padre de todo lo que había ocurrido en nuestra familia desde que estuve en su velorio privado en Ocala, como si fuera un reencuentro de amigos perdidos. Desde su velorio, no me había atrevido acercarme a su tumba, aunque había ido a San Juan muchas veces después de su muerte. Hasta ese día, había rehusado ver su morada, durante más de veinte años, porque no quería aceptar su finalidad. Luego de llorar hasta que no me quedó ni una lágrima más, me arropó una sensación de gran tranquilidad y amor. La noche se aproximaba y los vientos se fortalecían. De repente, un anciano humilde se apareció frente a mí, barriendo el caminito que atraviesa el cementerio, y me dijo: «Recuerda que las puertas se te abrirán, siempre y cuando las toques. Y no olvides que tu padre siempre estará contigo». Esas palabras me inspiraron a perseguir mis metas personales, incluyendo esta novela.

Mi intención es brindarles a ustedes, mis lectores, una historia continua de su vida, de principio a fin, como él la hubiera contado, para que la disfruten todos, desde la abuelita que bailó su música en su juventud, hasta sus más arduos seguidores, aquellos que son académicos de su repertorio y aquellos cuyo fervor les ha inspirado a formar clubes de «Danielistas». Quiero que cada uno de ustedes preserven el gran aprecio y cariño que siempre le han tenido, aun si algunas de estas revelaciones les sorprenden. No sería un auténtico recuento de su historia si sus vivencias humanas fueran excluidas y, además, todos sabemos que Daniel Santos no fue un santo. Otros que han seguido su vida muy de cerca, estoy segura, también encontrarán nuevos relatos o aclaraciones a algunas dudas.

Les comparto que este libro ha sido para mí una travesía personal, al pasado, al fondo de su vida artística y a la trayectoria humana que transcurrió antes de que yo naciera. En el camino, yo también descubrí cosas nuevas de mi padre. ¿Recuerdan cuando les expuse en el prefacio que en casa Papá no hablaba de sus logros artísticos? De modo que tuve que descubrir mucho por mi cuenta a través de entrevistas y fuentes confiables. Lamento que mi tiempo junto a él fuera limitado por el divorcio de mis padres y porque él murió poco después de yo haber cumplido tan solo dieciocho años. Sé que mis hermanos también lamentan no haber tenido más tiempo con él. Sin embargo, oportunamente, viví una gran parte de mi niñez y adolescencia junto a mi padre, escuchándolo compartir muchas de sus historias, especialmente sobre su vida antes de ser el famoso artista. Pienso yo que todo lo que vivió después de alcanzar la fama sucedió tan rápido, que sus recuerdos más intrínsecos fueron de la época donde su vida iba más despacio y, por ello, eran las historias que compartía más a menudo.

La primera conclusión que tengo de su vida es que era un hombre y artista inagotable. Cuando lo comparo con otros artistas del ayer y de hoy, no se me ocurre uno solo que se le acerque, y eso que hoy en día hay mucha más documentación de la cotidianeidad de los artistas. Creo que Papá fue un genio de las relaciones públicas y un hombre avant-garde porque, mientras los demás compañeros artísticos de su época se esmeraban por mantener una apariencia moral perfecta, él hizo todo lo contrario. Y así, con esa autenticidad, logró congraciarse con su público y éste, a su vez, nunca lo abandonó. Aparte de su agitadísima vida personal, logró también escribir cientos de canciones y grabar miles más de composiciones, gracias a su inagotable talento e intelecto. Papá colaboró con la mayoría de los artistas reconocidos en Latinoamérica y su llama nunca se apagó, gracias a sus fanáticos. Es un honor que muy poco artista logra durante su vida. Su legado continúa además gracias a los coleccionistas y musicólogos que preservaron su extenso catálogo y promueven su música.

Mi segunda conclusión es que tuvo como ser humano la capacidad de la auto reflexión, de las mejores a las cuales se puede aspirar. Sí, él fue el bohemio errante que representó al macho latinoamericano durante décadas. Sí, fue a veces abusador de emociones porque quebró muchos corazones sin piedad. Sí, vivió impulsivamente porque derrochó su fortuna. Sí, fue egoísta persiguiendo su propia felicidad porque brincó de cama en cama, muchas veces dejando atrás a familias que formó en varios países. Pero, a pesar de todo, fue un inolvidable representante de nuestra humanidad y de la música latinoamericana. Fue un hombre que tuvo la valentía de ser honesto consigo mismo y con todos ustedes. Y nunca olvidemos que, a ustedes, sus seguidores, los quiso tanto que, en sus últimos años, dejando su orgullo al lado, se dedicó a advertirles que no tomaran sus malos pasos como un ejemplo a seguir.

Ana Luz Dary, esposa Colombiana

*Bautizo de Freddy López, ahijado Colombiano
de Daniel Santos y Alicia de Córdoba*

Matrimonio con su última esposa Ana Mercedes, República Dominicana

Con María Rodríguez, la esposa Venezolana

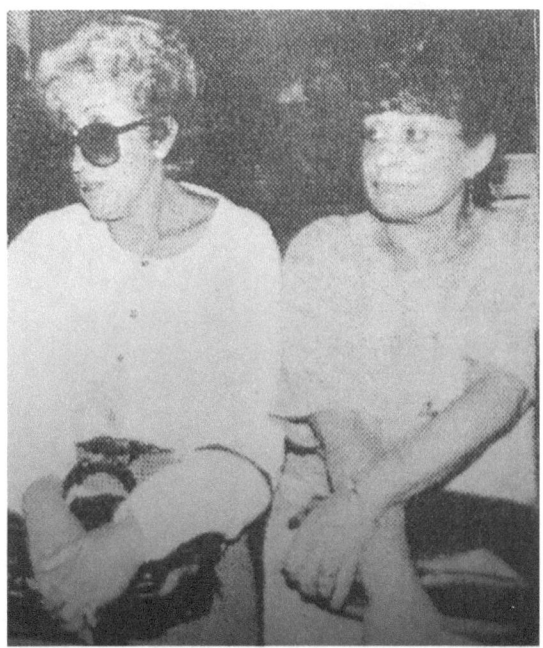

Ana Mercedes Rivera y Gladys Serrano (derecha) madre de Rodney Santos

En Disneylandia, uno de sus lugares favoritos

Danielito de visita en Radio Progreso

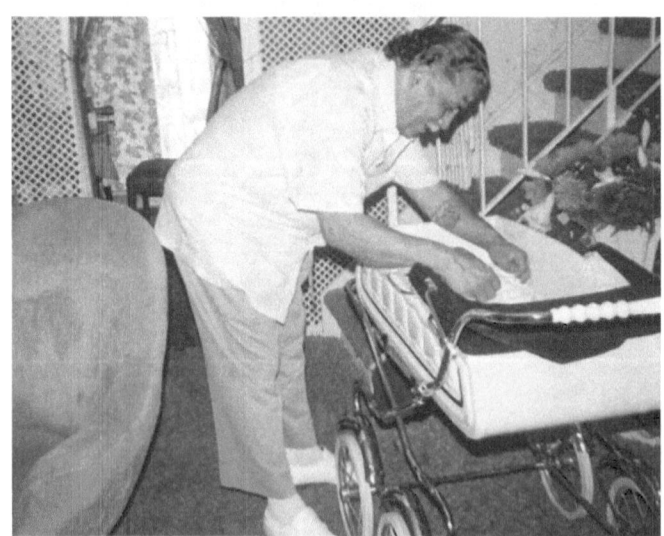

Con su hija Danilu, Puerto Rico 1974

Junto a su hijo Rodney y yerna Cookie

Daniel y Danielito Santos

Visitando a Joe Santos en Hollywood

David Albizu y Danilu Santos

Bautizo de Jazmelly, hija de su secretario Armando Salas (centro)

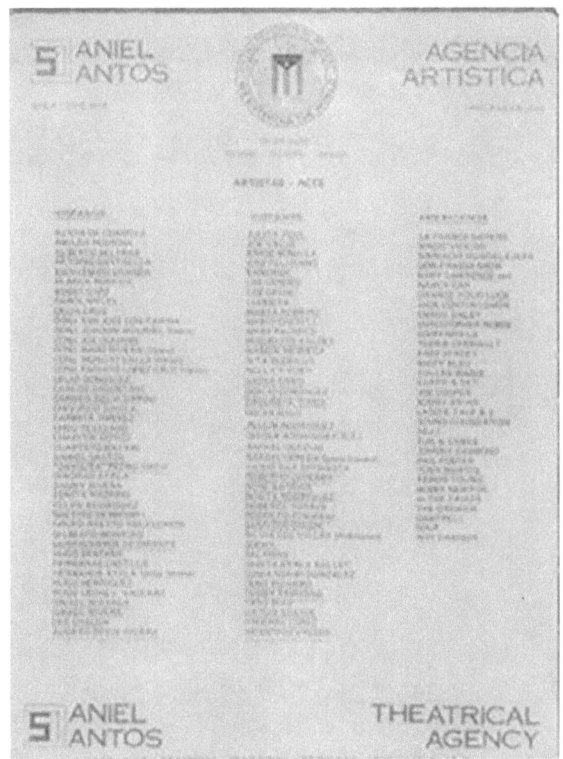

Catálogo de su agencia artística

Inauguración de busto de Albizu Campos, Puerto Rico 1973

Hermanas Rosa, Lucy, Sara y Daniel Santos, Summerfield, Florida 1989

Grabando música para la actriz/productora Gilda Mirós

www.ingramcontent.com/pod-product-compliance
Lightning Source LLC
Chambersburg PA
CBHW020908080526
44589CB00011B/487